पुस्तक की प्रशंसा में

'सफलता और असफलता हर मनुष्य के जीवन में साथ-साथ चला करती हैं। अपनी सफलताओं से मनुष्य जो सीखता है उससे सफलता की आधारशिला तैयार होती है। भारतवर्ष में हम अमूमन असफलताओं से डरते हैं, जिसके कारण सफलता एक दूर का सपना बन जाती है। हमें उन लोगों के विचारों का सम्मान करना चाहिए और उन्हें अपनाना चाहिए, जो अपनी ज़िन्दगी में असफल साबित हुए हैं, क्योंकि यही लोग हैं, जिन्होंने सफलताओं की गाथाएँ लिखीं। श्वेता की यह पुस्तक असफलताओं से सबक लेना सिखाती है, जो एक अभिनव प्रयास है और ऐसे सभी व्यक्तियों को पढ़नी चाहिए, जो ज़िन्दगी में कुछ बड़ा पाना चाहते हैं।'

- **किशोर बियाणी**, संस्थापक एवं ग्रुप के मुख्य कार्यकारी अधिकारी, फ़्यूचर ग्रुप

'मेरी व्यावसायिक ज़िन्दगी में मुझे एक उद्यमी के तौर पर सफलताओं और असफलताओं का खासा अनुभव रहा है। बग़ैर अपनी असफलताओं से निराश हुए मैंने बड़े साहस के साथ उनसे सीखा है, जिसने मेरी आगे की सफलताओं का मार्ग प्रशस्त किया। असफलताओं से कैसे सीखा जा सकता है, इस बात की श्वेता ने बख़ूबी पड़ताल की है, जो पाठकों के लिये बहुत सहायक सिद्ध होगी।'

- **डॉ. विजय माल्या**, अध्यक्ष, यू.बी. ग्रुप

'ऐसे समय में जब सफलता पर अनेक पुस्तकें उपलब्ध हैं, असफलताओं से कैसे सीखा जा सकता है, इस विषय पर श्वेता पुंज ने एकदम अलग हटकर कार्य किया है। सोलह प्रमुख विभूतियों द्वारा सुझाये गये ये उपाय उन लोगों के लिए बहुत लाभकारी हैं, जो आगे बढ़ने की कथाओं से ऊपर उठते हुए उन लोगों से सीखना चाहते हैं जिन्होंने प्रयास किया, विफल हुए और अन्ततः सफलता को प्राप्त किया।'

- **नंदन नीलेकणी**, अध्यक्ष, भारतीय विशिष्ट पहचान प्राधिकरण एवं इंफ़ोसिस लिमिटेड के सह-संस्थापक

'सफलता और असफलता जीवन की दो अनसुलझी गुत्थियाँ हैं। जहाँ सफलता का जश्न मनाया जाता है, वहीं असफलता को न सिर्फ़ भुला दिया जाता है, बल्कि उसे पसंद भी नहीं किया जाता। श्वेता पुंज ने न सिर्फ़ प्रचलित धारणाओं को तोड़ा है, बल्कि 'असफलता' जैसे गूढ़ विषय पर एक अलग तरह से बात की है। जहाँ एक ओर असफल हो चुके लोग अपनी ग़लतियों से सीख लेते है, वहीं दूसरी ओर यह किताब हम सभी को दूसरों की ग़लतियों से सबक सीखने का मौक़ा भी देती है। पुस्तक को गतिमान शैली में लिखा गया है, जिसके कारण यह न सिर्फ़ रोचक लगती है, बल्कि इसे बार-बार पढ़ने की इच्छा होती है।'

– **जी.एन. बाजपेयी,** पूर्वाध्यक्ष, भारतीय प्रतिभूति एवं विनिमय बोर्ड

'पुस्तक में वर्णित कहानियाँ रोचक व प्रेरक हैं, जो इस पुस्तक का उद्देश्य भी है... हर लीडर की कहानी कई बातें सामने लाती है, और प्रत्येक किस्सा ज्ञान और विवेक के मोती प्रस्तुत करता है।'

– **फ़ाइनैन्शियल क्रॉनिकल**

हार से जीत तक

हार से जीत तक

मशहूर हस्तियों के बताए सफलता के सबक

श्वेता पुंज

अनुवाद : **अरुणा श्रीवास्तव**

पेंगुइन बुक्स
पेंगुइन रैंडम हाउस इम्प्रिंट

पेंगुइन बुक्स

यूएसए | कनाडा | यूके | आयरलैंड | ऑस्ट्रेलिया | सिंगापुर
न्यू ज़ीलैंड | भारत | दक्षिण अफ्रीका | चीन

पेंगुइन बुक्स, पेंगुइन रैंडम हाउस ग्रुप ऑफ कम्पनीज़ का हिस्सा है जिसका पता global.penguinrandomhouse.com पर मिलेगा

पेंगुइन रैंडम हाउस इंडिया प्रा. लि.,
चौथी मंजिल, कैपिटल टावर -1, एम जी रोड,
गुड़गांव-122002, हरियाणा, भारत

पेंगुइन
रैंडम हाउस
इंडिया

रैण्डम हाउस इंडिया द्वारा 2013 में पहली बार प्रकाशित
प्रथम हिंदी संस्करण: 2014
यह हिंदी संस्करण: 2018

10 9 8 7 6 5 4 3 2

सहयोगी प्रकाशक

MANJUL

मंजुल पब्लिशिंग हाउस
द्वितीय तल, उषा प्रीत कॉम्पलेक्स 42 मालवीय नगर, भोपाल - 462003
7/32, भू तल, अंसारी रोड़ दरियागंज, नई दिल्ली - 110002
ई-मेल : manjaul@manjulindia.com

ISBN 9788184006193

अनुवाद: अरुणा श्रीवास्तव

मुद्रक: रेप्रो इंडिया लिमिटेड

www.penguin.co.in

FSC
www.fsc.org
MIX
Paper from responsible sources
FSC® C047271

This is a legitimate digitally printed version of the book and therefore might not have certain extra finishing on the cover.

मेरे बुज़ुर्गों - सुरेन्दर मोहन,
कौशल्या देवी और विमला मुद्गिल को
उनके आर्शीवाद और असीम
प्रेम के लिए समर्पित

अनुक्रम

प्रस्तावना

'असफलता, फिर असफलता! और सारा विश्व हम पर हर मोड़ पर ठप्पा लगा देता है। फिर हम अपनी ग़लतियों से, अपने कुकर्मों से, अपने खोये हुए मौक़ों से और अपने पेशे के प्रति अपर्याप्त प्रयासों की स्मृति के कारण इसे और छितरा देते हैं। और फिर पुरज़ोर प्रभाव के साथ हम पर धब्बा लग जाता है।'

– विलियम जेम्स

क्या यह असफलता का डर एक तरह की रुकावट नहीं है, जो हमको अक्सर वह प्राप्त करने से रोकती है जो हम चाहते हैं और वह बनने से जो हम बनना चाहते हैं। असफल लोग इतना ग़लत क्यों सोचते हैं? अनुचित? हतोत्साहित? विफल होना इतना ज़्यादा दुःख क्यों पहुँचाता हैं? असफलता ऐसा आभास क्यों देती है जैसे आगे रास्ते ख़त्म हो गये हैं? यह मृत्यु से भी ज़्यादा भयानक एहसास है। उस अहसास को याद करें 'मैं मर क्यों नहीं गया?' कुछ असफलताएं हमें लगभग ख़त्म ही कर देती हैं और कुछ धूल चाटने पर मजबूर।

इसमें कोई आश्चर्य नहीं कि इस बारे में बहुत कुछ लिखा और कहा गया है कि कोई अपनी असफलता से कैसे निपटे। यह भूख ख़त्म कर देने वाली, वमनकारी और पचाने में मुश्किल है। यह एक सांस्कृतिक चीज़ भी है। भारतवर्ष में हम असफलता को बड़े तिरस्कार और बेचैनी से देखते है। जब से हम इस दुनिया में अवतरित हुए हैं, ऐसा कहना होगा, यह बात हमारे अंदर इतनी गहरी जमी हुई है कि हमें हमेशा हर बात में सफल होना है। हम असफल हो ही नहीं सकते। इतिहास हमेशा विजेताओं को सराहता है।

यदि हम भारतीय इतिहास पर नज़र डालें, तो पाएँगे कि यह विजेताओं के बारे में है। सारी लड़ाइयाँ, धार्मिक संस्थाओं की सारी अक्षय निधि, सभी शिलालेखों की तिथियाँ उनके कारण हैं जो विजेता थे, जो ताक़तवर थे और कीर्तिमानों को संजोकर रखना महत्त्वपूर्ण समझते थे। पर जैसा कि कई इतिहासकारों ने दोहराया है कि जो भी हम भारतीय इतिहास के बारे में जानते हैं, वह सब कुछ नहीं है जो हम जान सकते हैं। ऐतिहासिक कीर्तिमान हमें ज़्यादातर राजाओं, शक्तिशालियों और विजेताओं के बारे में बताते हैं।

यह आश्चर्यजनक है कि संत रायकवा (घर विहीन बैलगाड़ी चलाने वाले) की कहानी उपनिषद में वर्णित है - जो कि ब्राह्मणों की पुस्तक है। राजा जनश्रुति ने लोगों पर विजय पाने के लिये रायकवा की मदद ली थी। यहाँ यह आश्चर्यजनक नहीं है कि रायकवा ने राजा की जीत में मदद की थी, बल्कि उसका उपनिषद में उल्लेख मिलता है जो कुलीन ब्राह्मण वर्ग से सम्बन्धित है। आमतौर पर या तो असफलता को याद करना या भूल जाना दोनों ही असंभव होता है।

सिगमंड फ़्रायड ने *'साइकोपैथोलॉजी ऑफ़ एवरीडे लाइफ़'* में एक अनुभव का ज़िक्र किया है। एक बार, जब वह अपने मासिक लेखा-खाते को अंतिम रूप दे रहे थे, फ़्रायड ने एक ऐसे मरीज़ का नाम देखा जिसकी बीमारी का विवरण उनके पास नहीं था, हालांकि वह इस बात को अच्छी तरह से देख रहे थे कि वह कई सप्ताह तक प्रतिदिन उनके पास आता था। करीब छः माह पहले आए उस मरीज़ को याद करने का वे बहुत प्रयत्न करते रहे, जब तक उन्हें इस बात का स्मरण नहीं हो आया। जिस मरीज़ के बारे में बात हो रही थी वह एक महिला थी जिसे उसके अभिभावक उनके पास लेकर आये थे क्योंकि उसके पेट में लगातार दर्द रहता था। फ़्रायड ने अपने परीक्षण में पाया कि उसे मिर्गी की बीमारी थी और कुछ महीने पश्चात् वह पेट के कैंसर से मर गयी।

इस पुस्तक पर काम करते समय जब मैंने अपने मित्रों, परिवार और कंपनी के वरिष्ठ कार्यकारी अधिकारियों को इस विषय के बारे में समझाना चाहा, तो सभी ने एक ही तरह की प्रतिक्रिया दी : 'विफलता क्यों? तुम

विफलता जैसा विषय क्यों चुनोगी?' और शायद यही एक प्रतिक्रिया थी जिसकी मुझे अपेक्षा और आशा थी। विफलता, सफलता की तरह, हर व्यक्ति के लिये नहीं है।

इस पुस्तक का तानाबाना उन लोगों की कहानी के आसपास बुना गया है जिन्हें बारंबार कसौटियों पर कसा गया। इन कहानियों में परिकल्पना, ग़लत गणनाएं, भ्रम, ग़लत ज़ोखिम, महत्त्वाकांक्षा, प्यार के किस्से, प्रेरणाएं और विशेष रूप से साहस शामिल हैं।

हर कहानी कई स्तरों पर पर्दे उठाने वाली है, अलग-अलग किस्मों और स्तर की विफ़लताओं की खोज़बीन करने वाली - पहले बड़े मौक़े पर उलझ कर रह जाना, नौकरशाही और भाई भतीजावाद से सामंजस्य न बैठा पाना, ज़िंदगी की परिस्थितियों में विफलता, नेतृत्व न कर पाने और दूसरों को आपके विचारों का अनुसरण न करने से मिली असफलता - हर अध्याय आपको विभिन्न प्रकार की विफलताओं से बारीकी से रूबरू कराता है।

अक्सर ही, असफलता को पहचानने का अनुभव जीवन बदल देने वाला, स्तब्ध कर देने वाला, मनोरंजक, आनंददायक, आध्यात्मिक, जागृत कर देने वाला और भ्रम में डाल देने वाला हो सकता है। महसूस करने की यह प्रक्रिया आमतौर पर हमें स्वयं के सामने ही विषम परिस्थितियों में खड़ा कर देती है, विफलता के परिणामों के बाद, हम अपने ऊपर, अपनी योग्यताओं पर प्रश्न चिन्ह लगाते हैं।

'हम ऐसा कैसे कर सकते हैं?'

'हम ऐसा क्या सोच रहे थे?'

'क्या हमने वास्तव में ऐसा किया?'

पर, थोड़ी देर के लिये आप अपनी असफलता से जुड़े घावों, चोटों और अपमान को एक तरफ़ रख दें - और विफलता, जैसी वह है, उसका वैसा ही मूल्यांकन करके देखें - तो यह प्रक्रिया सफलता से ज़्यादा विवरणकारी होगी। भले ही हम इसे स्वीकारें या नहीं, विफलता अक्सर हमें स्पष्ट रूप से सोचने में मदद करती है। यह हमें विश्लेषण करके और बेहतर

योजनाएं बनाने के लिये प्रेरित करती है।

यह एक जन्मजात प्रवृत्ति है कि जीत को पुरस्कृत करो और हार से बचो। पर फिर भी विफलता के प्रति इस विद्रोही वातावरण के बीच कुछ ऐसे लोग भी हैं जो हारने को एक उपहार समझते हैं। सफल होने के लिये यह आवश्यक है कि आप विफल हों। यह कोई एक साथ न हो सकने वाली बात नहीं है।

यह पुस्तक लिखना मेरे लिये दैवीय प्रेरणा की तरह है। इसने मुझे बाध्य किया कि मैं कठोरता से विफलता के बारे में अपने अहसासों को खोज सकूं। मैं ऐसी मौलिक भारतीय हूँ जो विफलता के दर्द के बिना सफलता चाहती हूँ। पहली बार जब मैं गणित में अनुत्तीर्ण हुई, इसने मुझे उस विषय से दूर कर दिया जिसने मेरे खिलाफ षडयंत्र किया था। संख्यायें बहुत आकर्षक होती हैं, पर दोबारा असफल होने का डर आपको सच्चा प्रयास करने से दूर कर देता है और यह उन कई बार में से एक था जब मैं असफलता के डर से पीछे हट गयी थी। असफलता से जुड़ा हुआ दुःख इतना ज़्यादा हावी हो सकता है कि वह आपको भागने पर मजबूर कर देता है।

ज़िन्दगी में सफलता के लिये डाँट-फटकार काफ़ी पहले ही प्रारंभ हो जाती है। वह रूचियाँ, जो हममें पनपती हैं, से लेकर, वह विषय जो हम चुनते हैं, वह नौकरियाँ जिनका हम चुनाव करते हैं - यदि हम उनके बारे में सोचें - तो यह सब मूलतः असफलता से जुड़े हुए हैं। मैं एक ऐसे शख्स को जानती हूँ जिसने दोस्तों के बीच बने रहने के लिये वायलिन बजाना छोड़ दिया। यह सामंजस्य बैठाने की वह आवश्यकता है जो हमारी योग्यताओं को खोखला कर देती है और जिसके कारण हम विफल होते हैं।

फिर भी, हमारी सांस्कृतिक स्थितियों के साथ भी कुछ लोगों की ऐसी भी कहानियाँ हैं जिन्होंने असफलता में सफलता का सूत्र खोजा।

भारतीय व्यापार विश्व में सबसे कठिन वातावरण में संचालित होता है। लगातार बदलती नीतियाँ, ढीला-ढाला नियामक तंत्र और अपर्याप्त संरचनात्मक ढाँचा - यह तो कुछ चुनौतियाँ भर है। इसके अलावा ये

भारतीय मानस है जो स्थायित्व और उद्देश्य की स्पष्टता को ज़िंदगी में बहुत जल्दी हो जाने पर ज़ोर देता है। एक ऐसा समाज, जो कि हमें बने बनाये ढाँचे में अपने आपको ढाल लेने के लिये मजबूर करता है - ताकि असफलता की गुंजाइश ही न रहे।

फिर भी यहाँ कुछ ऐसे खुली हवा में रहने वाले स्वप्न दृष्टा हैं जो इस ढाँचे में नहीं बैठते, और ये वो लोग हैं जो आगे बढ़े और देश में कुछ ऐसे विशाल व्यापार समूह खड़े कर दिये जिन्होंने भारत के अर्थशास्त्रीय उड़ानपथ को नये सिरे से परिभाषित किया।

स्वर्गीय धीरूभाई अंबानी, जो भारत के विशालतम व्यापार तंत्र रिलायंस इंडस्ट्रीज के संस्थापक थे, ने उस समय कंपनी का निर्माण किया, जब भारत में लागत इतनी ज़्यादा थी कि अधिकतम कंपनियाँ या तो घाटे में रहीं या असफल हो गयीं। लेकिन धीरूभाई लगातार सपना देखते रहे, असफल होते रहे, फिर सपना देखते रहे जब तक वह अन्ततः सफल नहीं हो गये।

विफलता, जिसे हम सफलता भी कह सकते हैं, की ऐसी सोलह कहानियाँ जो इस पुस्तक में पिरोयी गयीं हैं, विफलता पर एक नया संवाद प्रारंभ करने का प्रयास है - जो यह पुस्तक पढ़ेंगे, उनको एक खोल से बाहर निकालने के लिये, उनको अपने सपनों का पीछा करने के लिये, वह भी सफलता से प्यार के लिये नहीं बल्कि विफलता के रोमांच के लिये, और विफलता के डर से वह ज़िन्दगी जो आप जीना चाहते हैं उसे दूसरों द्वारा तय न करने के लिए।

भारत इस समय उद्यमिता, ऊर्जा और नये विचारों से भरा पड़ा है। निजी क्षेत्र फलफूल रहे हैं, मध्यम वर्ग उन्नति पर है, अधिक से अधिक युवा लोग काम करने में जुट रहे हैं। और रूचिपूर्ण तरीक़े से ये युवा इस क़दर आतुर हैं कि वे अपने आपको जाँचने और परखने के खोल में बंद होकर नहीं रहने देना चाहते। वह बाहर निकलकर उद्यमिता दिखा रहे हैं और अपना भाग्य खुद तय कर रहे हैं। यह पुस्तक हममें से उन सभी के लिये है जो लगातार यह सोचते हैं कि 'अब क्या हो सकता है।' यह उन व्यावसायिक व्यक्तियों के लिये है जो यह समझते हैं कि विफलता से सीखना बिल्कुल सीधी सच्ची बात है - जो लोगों से यह जानना चाहते हैं कि उन्होंने क्या

ग़लत किया और भविष्य में इस तरह की ग़लतियों को टालना चाहते हैं। यह उन सभी उद्यमियों के लिये है जिन्होंने अपना रास्ता खुद चुना है और जिन्होंने एक ऐसी उत्साही यात्रा का सुभारंभ किया है जो धमाकेदार है और भारतीय परिप्रेक्ष्य में कम से कम ऐसा कहा जा सकता है।

वीरता, पराजय का एक सहायक उत्पाद है। यह एक ऐसी विशेषता है, गुण है, जो अपने दुर्भाग्य और दोबारा उबर कर आने पर दृष्टि डालने पर ही पाया जा सकता है। लगभग सभी कहानियाँ जिन्हें यहाँ बताया गया है, वे विपत्तियों और वीरता का मिश्रण हैं।

अमरीका के भूतपूर्व राष्ट्रपति, फ़्रैंकलिन डी. रूज़वेल्ट, जब अपने ज़ोरदार विजय अभियान पर थे तो उन्होंने अमरीका के राष्ट्रपति पद के उम्मीदवारों में अब तक का सबसे ज़्यादा थका देने वाला और सबसे ज़्यादा भाषणों वाला राष्ट्रीय दौरा किया : उन्होंने अपनी जन्मजात विकलांगता के रूप में विपत्तियों और हार का अनुभव किया, एक निरन्तरता ख़त्म कर देने वाली विफलता, जिसे उन्होंने बग़ैर थके यात्रा जारी रखते हुए प्रतिशोध के रूप में लड़ा। आप यहाँ कई ऐसी कहानियाँ पायेंगे जहाँ पर दुर्भाग्य या विपत्तियाँ सफलता की सबसे बड़ी प्रेरणा रही हैं।

जैसा कि कन्फ़्यूशियस ने कहा है, हमारा 'महानतम उत्कर्ष कभी न गिरने में नहीं हैं, बल्कि हर बार गिरकर उठ खड़े होने में है।'

पूरे संसार में इतिहास उन असाधारण दिमाग़ों द्वारा रचा गया जो असाधारण विफलताओं से संचालित थे।

प्रसन्न रहें, अपने आँसुओं को पोंछ डालें,
कुछ पतन उन्नत होकर खुशी का कारण बनते हैं।

विलियम शेक्सपियर, सिम्बलीन, भाग चार, दृश्य दो।

बिल्कुल भी प्रयास न करने के बजाय, प्रयास करके विफल होना हमेशा ही बेहतर होता है।

आप सभी को असफलता की बधाई।

'... सत्य तो यह है, कि प्रतियोगिता में,
आपका सबसे कमज़ोर पक्ष ही
उजागर होता है।'

अभिनव बिन्द्रा

सन् 2008 के ओलंपिक में भारत को पहला स्वर्ण पदक दिलाकर अभिनव बिन्द्रा ने इतिहास रच डाला। शूटिंग के साथ उनका संबंध काफ़ी हद तक वैसा ही है, जैसा कि एक पागल प्रेमी का अपने जुनून के साथ होता है – तूफ़ानी, कभी शीर्ष पर तो कभी निम्न पर। स्वर्ण पदक जीतने के बाद उनके जीवन में एक ऐसा मोड़ आया, जब वह शूटिंग छोड़ना चाहते थे। बाकी सब इतिहास है। उन्हें भारत के सर्वाधिक गौरवपूर्ण नागरिक सम्मान, पद्म भूषण से नवाज़ा गया।

मस्तिष्क ही व्यक्ति है। भगवद् गीता में मानव मस्तिष्क एवं व्यक्तियों पर उसके प्रभाव को बहुत ही स्पष्ट और सटीक तरीक़े से समझाया गया है। अक्सर, हम लोग कुछ महत्त्वपूर्ण क्षणों में अपने कार्यों को पूरा न कर पाने के कारण ठगा-सा महसूस करते रह जाते हैं। क्या ग़लत हुआ होगा, यह सोचकर आश्चर्यचकित हो जाते हैं।

हम सभी अपनी ज़िन्दगी में उन क्षणों से गुज़रे हैं जब कोई बात हमें असफल बना कर छोड़ देती है। वह क्षण आते हैं, जब हमारी ज़िंदगी सिर्फ़ ज्ञान और कौशल के इर्द-गिर्द न घूमकर, उनमें सामंजस्य बैठाने पर केन्द्रित हो जाती है। अक्सर दिमाग़ और शरीर का यही संतुलन सफलता या असफलता का मार्ग तय करता है।

इससे पहले कि हमारी सफलताएं और असफलताएं दुनिया की नज़र में आयें, हम व्यक्तिगत रूप से अपने सफल और असफल होने के कारणों और ज़रुरतों के इकलौते कर्ता एवं निर्णायक होते हैं। पुरुष उद्यमी या महिला उद्यमी के लिए सफलता के मायने होते हैं - सही निवेशक ढूंढना या एक सटीक विक्रय योजना बना लेना या अपने प्रतियोगियों से आगे निकलकर किसी उत्पाद को बाज़ार में उतार देना, कलाकार के लिए सफलता के मायने होते हैं - उस प्रेरणा को खोज लेना, जो उसे उसके भावों की अभिव्यक्ति में सहायता प्रदान करें, एक खिलाड़ी के लिये शायद इसके मायने होते हैं - वह आख़िरी स्ट्रोक, वह अंतिम स्ट्राइक, जो 'स्वर्ण' के लिये सटीक प्रहार साबित हो।

पक्षी की आँख

गीता में दिमाग़ के दो विभिन्न बिन्दुओं का वर्णन किया गया है - एक तो वह जो प्रेरणारुपी संसार का सामना करता है, जिसका प्रभाव वस्तुपरक दुनिया पर पड़ता है, और दूसरा उसी में समाहित है और यह वहाँ तक प्रभावी है जहाँ से इसे प्रेरणा मिलती है। मस्तिष्क का वह बाहरी हिस्सा जो भौतिक वादी है उसे वस्तुपरक दिमाग़ की संज्ञा दी गई है - संस्कृत में

इसे ही मानस कहा गया है, और अन्तरमन को विषयपरक दिमाग़ कहा गया है - संस्कृत में इसे बुद्धि नाम दिया गया है।[1]

जैसा कि गीता में वर्णन किया गया है, की सटीक संतुलन वही है जब दिमाग़ के दोनों ही पहलू, वस्तुपरक एवं विषयपरक, एक साथ मिलकर काम करते हैं। और संदेह के क्षणों में वस्तुपरक दिमाग़ तैयार विषयपरक दिमाग़ का अनुसरण करने लगता है। दूसरे शब्दों में, दिमाग़ की वास्तविक स्थिति तब है जब बुद्धि का उपयोग होने लगता है।

हमारे जीवन के कुछ बिन्दुओं में हम सभी अर्जुन वाले दुख के अहसास गुज़रे हैं, उन क्षणों में जब हमारी शिक्षा हमें 'चिड़िया की आँख' पर अपना ध्यान केन्द्रित करने की सलाह देती है, तब कुछ ऐसे कमज़ोरी के पल भी आयेंगे जब हमारा ध्यान निशाने से हट कर, उस कार्य से मिलने वाले वैभव और पुरस्कार की ओर बँट जायेगा।

यद्यपि अर्जुन एक स्वीकृत महान योद्धा थे, जब वह सैकड़ों की कौरवों की सेना के विरूद्ध युद्ध में उतरे, तो तनाव व्याप्त था और यही तनाव अर्जुन की मानसिक स्थिति में भी दृष्टिगोचर हो रहा था।

वह युद्ध प्रारंभ करने के लिये बेचैन थे, वह अपना अदम्य साहस एवं ऊर्जा दिखाने के लिये तैयार थे। गीता के अनुसार, वह क्षण जब अुर्जन ने कौरवों की सेना को देखा, उनका मानसिक संतुलन पूरी तरह से हिल गया था। उनके दिमाग़ में चुभन थी। उन्होंने चिड़िया की आँख की ओर ध्यान नहीं दिया, उनकी केवल यही हार्दिक इच्छा थी कि इस युद्ध का अन्त जीत के साथ हो। उनके दिमाग़ ने पहले ही युद्ध के अन्त के विषय में कल्पना कर ली थी जिसका तात्पर्य था उनके वस्तुपरक एवं विषयपरक पहलुओं का उनके दिमाग़ से पूर्ण रूपेण भटकाव।

अर्जुन, जो एक प्रसिद्ध योद्धा थे, उनका युद्ध क्षेत्र का अनुभव और निशानेबाज़ अभिनव बिन्द्रा के 2012 के लंदन ओलंपिक में प्रदर्शन के बीच एक समानांतर रेखा खींची जा सकती है। बिन्द्रा का स्वर्ण पदक न जीत पाना सीधे-सीधे उसके मानसिक संतुलन से जुड़ा था, वह कहते हैं।

---

[1]संदर्भ - स्वामी चिन्मयानंद द्वारा पवित्र गीता पर की गयी टिप्पणी।

मैं लंदन में असफल क्यों रहा

निशानेबाज़ी एकाग्रता एवं ध्यान का खेल है। अन्य खेलों एवं पेशों की तरह कौशलपूर्ण तरीक़े से कुछ प्राप्त करने के ढंग की भी अपनी सीमाएँ हैं। मुद्दे की बात यह है कि जिस व्यक्ति ने पर्याप्त संतुलन बनाते हुए, अत्यंत निर्णायक स्थिति में अपने लक्ष्य पर निशाना साधा, उसने ही विजय प्राप्त की। अभ्यास की अपेक्षा लक्ष्य या केन्द्र बिन्दु पर आधारित लिखना या बातचीत करना अधिक आसान है। हमारे दिन प्रतिदिन के जीवन में हम नित नयी चुनौतियों का सामना करते हैं।

बाह्य एवं आंतरिक आभास एवं भटकाव को एक तरफ़ रख कर, अपने लक्ष्य को साधे रखने के लिये ज़रुरत होती है, निरन्तरता, धैर्य एवं अभ्यास की।

बिन्द्रा लंदन ओलंपिक के लिये तकनीकी रूप से उतना तैयार थे, जितना हो सकते थे। 'मैं लंदन के लिये अच्छी तरह से तैयार था। मैंने गहन प्रशिक्षण लिया।' वह कहते हैं कि बीजिंग यात्रा से ज़्यादा जानकारियाँ लंदन में थीं।

तो ऐसा क्या ग़लत हुआ था जब उन्होंने वह परिणाममूलक निशाना साधा जो उन्हें आख़िर तक पहुँचा सकता था और भारत के लिये बहुप्रतीक्षित स्वर्ण पदक के ज़्यादा नज़दीक हो सकता था।

बिन्द्रा के उपर न केवल संपूर्ण राष्ट्र का, अपितु स्वयं का भी बहुत दबाव था और उनसे सभी को बहुत आशाएँ थीं।

2008 में बीजिंग ओलंपिक में स्वर्ण पदक जीतने के बाद उन्हें इसे पुनः जीतने की चाह थी। उन्होंने यह एक बार कर लिया था। उन्होंने दुनिया में अपने प्रतिद्वंदी के विरूद्ध बहुत अच्छा प्रदर्शन किया और उस समय स्वर्ण पदक जीता जब ओलंपिक में भारत के लिये रजत या कांस्य पदक जीतना भी बहुत मुश्किल था।

बिन्द्रा उनकी मानसिक स्थिति के संदर्भ में कहते हैं, कि वह तकनीकी रूप से पूरी तरह मानसिक तैयारी में थे। उन्होंने अपने कार्य को गति दी, वह 2008 की जीत का जश्न ही नहीं मनाते रहे और न ही मीडिया

से घिरे रहे। लगभग एक वर्ष तक न ही उन्होंने समाचारपत्र पढ़ा और न ही टेलीविज़न पर कोई समाचार देखा। एकाग्रचित्त होकर उन्होंने केवल अपने लक्ष्य की ओर ध्यान केन्द्रित किया और प्रशिक्षण लिया। वास्तव में, वह बीजिंग की अपेक्षा लंदन के लिये ज़्यादा अच्छी तरह से प्रशिक्षित थे।

हांलाकि, ओलंपिक या किसी भी अन्य प्रतियोगिता के लिये जो मायने रखता है, वह है, स्वयं को प्रशिक्षित (कौशलपूर्ण) करने के लिए सीमा पार कर लेनी चाहिए। 'मेरे खेल में 58 प्रतियोगी थे, जिनमें से किसी भी तय दिन पर 30 को जीतना था। विजयी व्यक्ति को जो चीज़ अलग करती है वह यह है कि वही व्यक्ति विजयी होगा जो उस विशिष्टि दिन में, विशिष्ट क्षण में अपनी समस्त चीज़ों को साथ ले जाने योग्य होगा।'

और यही बिन्द्रा की असफलता थी। वह अपनी समस्त ऊर्जा उस विशिष्ट क्षण में नहीं लगा पाये जब उन्होंने वह निर्णयात्मक निशाना साधा। अर्थात् आख़िरी निर्णयात्मक निशाने में अपनी समस्त ऊर्जा नहीं लगा पाये। उन्हें न ही घबराहट थी और न ही चाहत।

'लंदन में मैं शिथिल, नियंत्रित एवं शांत था। सैद्धांतिक रूप से परिणाम अच्छे होने चाहिए थे। किन्तु ऐसा नहीं हुआ। आप में कुछ कर गुज़रने का उन्माद होना चाहिये। आप में किसी चीज़ को प्राप्त करने की चाहत होनी चाहिए। आपके दिमाग़ का एक हिस्सा चिन्तित एवं भयभीत होना चाहिए। किसी भी व्यक्ति को इन मनोभावों से गुज़रना होगा। आप जानते हैं, कि कल ही वह दिन है। जीत के लिये, आप में उन कठिन क्षणों को गले लगा लेने की क्षमता होनी चाहिए। लंदन में मैं डरा हुआ नहीं था। मैं शिथिल, सामान्य, ख़ुश, शांत एवं नियंत्रित था। मेरे ही कुछ कारण थे जिनसे मैंने असुरक्षित महसूस किया। मैं जानता हूँ कि मैं पिछली बार भी विजयी बना और प्रत्येक व्यक्ति को इस बार भी मुझसे यही आशा थी। किन्तु मैंने इन सब बातों को एक तरफ़ रखने का अच्छा काम किया और विशिष्ट क्षण पर ही ध्यान केन्द्रित किया। परन्तु सत्य यह है, कि प्रतियोगिता में आपका जो सबसे कमज़ोर पक्ष होता है, उसी का सामना आपको करना पड़ता है। आपमें अपनी उन कमियों का साक्षात्कार करने की योग्यता होनी चाहिए। यह दर्दनाक है, कि यह आपको आंतरिक रूप

से मार देता है। आपको उन मनोभावों से उठकर संभलने में समर्थ होना चाहिए। उन क्षणों में जब वे असुरक्षित और नैतिक रूप से कमज़ोर थे, बिन्द्रा की सोच एक भगोड़े के समान थी। उन्होने स्वयं को इस हद तक मानसिक रूप से तैयार कर लिया था कि उन्हें कोई बाहरी प्रभाव अपने लक्ष्य से न डिगा सके। यहाँ तक कि उन्होंने अपने अन्दर से असुरक्षा के उस भय को भी उखाड़ फेंका जहाँ आदमी स्वयं के प्रति किसी दुर्व्यवहार की आशंका रखता है। उनका मानस एकदम सामान्य था। और वह मनोवैज्ञानिक रूप से आशंकित या असुरक्षा की स्थिति में कतई नहीं थे, जैसे कि वह बीजिंग में हुआ करते थे।

'मैं आत्मविश्वास में कतई विश्वास नहीं रखता - आत्मविश्वास आपको जीतने में कतई मदद नहीं करता। आपके दिमाग़ में आया हुआ एक विचार आपके शरीर की सम्पूर्ण मांसपेशियों में तनाव ला सकता है। बस आपको सटीक अवस्था को खोजना होता है। इसके बाद आपमें धीरे-धीरे आत्मविश्वास आना शुरू हो जाता है। आप बस तनाव रहित रहें, आप देखेंगे कि आपको अच्छे विचार आना शुरू हो गये हैं और आपका मांसपेशीय तनाव कम हो चला है। एक विचार आपके शरीर की सम्पूर्ण गतिशीलता को बदल सकता है।'

'ललक, पक्का इरादा, एक गहरी चाहत, एक गहरी भूख जो जीतने और हारने में अंतर पैदा करते हैं। मैंने देखा, कि मेरे पास जीतने की गहरी ललक थी, जो लंदन जाने से पहले की स्थिति से कहीं ज़्यादा थी।'

'जहाँ बीजिंग में मैं इसकी आवश्यकता महसूस कर रहा था। वहीं लंदन में मैं यह चाह रहा था। दोनों बातों में बहुत अंतर है।'

'गगन नारंग (नारंग ने 2012 लंदन ओलंपिक में पुरुषों की 10 मीटर रायफ़ल शूटिंग प्रतियोगिता में कांस्य पदक जीता था) जीतने के लिए आतुर थे। वह बीजिंग में असफल रहे थे। उनकी अवस्था वैसी ही थी जैसी मेरी एथेंस के बाद थी। मैं यह कतई नहीं सोचता था, कि मेरी और उनकी तकनीक में कोई ख़ास अंतर था। लेकिन दोनों की आगे बढ़ने की सोच में फ़र्क़ था।'

अभिवन बिन्द्रा लंदन ओलंपिक 2012 के फ़ायनल में जगह बनाने में असफल रहे।

मैं क्यों जीता

जब 2008 में बिन्द्रा ने बीजिंग ओलंपिक में भारत का प्रतिनिधित्व किया था, सैद्धांतिक रूप से बिन्द्रा की मानसिक अवस्था प्रतियोगिता को लेकर कुछ अजीब सी थी। वह इस बात को लेकर उद्वेलित थे कि वह उस खेल से घृणा करने लगे थे, जिसमें वें सांस लेते और जीते थे। बिन्द्रा ने तेरह साल की उम्र में शूटिंग शुरू कर दी थी।

बीजिंग ओलंपिक, एथेन्स के चार साल बाद संपन्न हुए। 2005 में एथेंस में बिन्द्रा ने क्वॉलिफ़ाइंग राउंड में 597 का स्कोर किया और वे तीसरे स्थान पर रहे। ओलंपिक रिकॉर्ड 599 का था।

'मेरे दिमाग़ में 2004 का एक पदक था, पर मुझे इसे दोबारा साबित कर दिखाना था। मैं प्रतिशोध की भावना के साथ गया : (2008 में बीजिंग के लिये) मैं यह दिखाना चाहता था कि मैं यह कर सकता हूँ। मैं बहुत आतुर था।'

2004 के एथेंस ओलंपिक के आस-पास के समय को बिन्द्रा अपने खेल जीवन का सबसे निराशाजनक काल बताते हैं।

बिन्द्रा आठ साल बाद याद करते हुए कहते हैं - 'मेरा दिल इतना टूट गया था, कि मैं सब कुछ छोड़ देना चाहता था।'

बीजिंग में बिन्द्रा जीतने के लिए बेहद लालायित थे। 'किसी और से बहुत ज़्यादा, मैं अपने आप को और दुनिया को दिखा देना चाहता था,' वह कहते हैं। वह प्रतिशोध के लिये पदक जीतना चाहते थे। वह अपने अस्तित्व के लिये इसे चाहते थे।

'बीजिंग में मेरा प्रदर्शन इतना अच्छा रहा कि मैं भी समझ नहीं पाया, कि मैं जीत चुका हूँ।' वहाँ खेल के लिये कोई लगाव नहीं था कोई आशा नहीं थी, कोई सपने नहीं थे कि मुझे पदक जीतना है और न ही पदक जीतने और प्रशंसा पाने की इच्छा थी। वहाँ अगर कुछ था

तो केवल निराशा एवं व्यग्रता। वहाँ केवल अवसाद था, जीतने की गहरी चाह और भूख।

'मैं मन से बहुत दुःखी था। मुझे अपने खेल से घृणा हो रही थी। मेरे पेट में उथल-पुथल हो रही थी, जिसने मुझे प्रेरित किया। यह गहन इच्छा ही होती है, जो आपको मुसीबत के क्षणों में, जब आपको बहुत कुछ देना है और आप दे नहीं पाते हैं, आपकी सहायता करते हैं। मामूली-सा अंतर है। मुझे दोनों ही पहलुओं का अनुभव है।' वह अपने बीजिंग के प्रदर्शन के विषय में कहते हैं, कि विजय एवं हार के बीच यही अंतर है।

सैद्धांतिक रूप से, वह पूर्णतः अव्यवस्थित थे। उनकी मानसिक स्थिति वैसी बिल्कुल नहीं थी, जो कि किसी प्रतियोगिता के लिये सहायक सिद्ध होती है। एक अच्छे प्रदर्शन के लिए जिन चीज़ों की आवश्यकता होती है वह वैसे नहीं थे, जैसे आशावादी और शांत चित्त बने रहना। वह अशांत, असुरक्षित, थके हुए और मानसिक रूप से व्यथित थे। यद्यपि, उन्होंने मानसिक संतुलन बनाये रखने का भरपूर प्रयास किया, जब इसकी बहुत आवश्यकता थी। उन्होंने केवल 'पक्षी की आँख' की ओर देखा। उन्होंने अपने लक्ष्य की ओर अडिग रहते हुए ध्यान केन्द्रित किया, उस समय यह मायने नहीं रखता था, कि वह जीतेंगे या हारेंगे। उन्होंने अपनी पूरी ऊर्जा के साथ वह विजयी निशाना साधा। कोई भी नहीं सोच रहा था, कि बिन्द्रा स्वर्ण पदक लेकर घर लौटेंगे। वास्तव में भारत का ओलंपिक में शूटिंग स्पर्धा में होना ही गौरव और सम्मान का विषय था।

जब बिन्द्रा के ऊपर राष्ट्र की कोई अपेक्षाएँ नहीं थीं, वह स्वयं को सिद्ध करना चाहते थे कि वह स्वर्ण पदक जीत सकते हैं, जिसका स्वप्न उन्होंने सोलह वर्ष की आयु से देखा है। जब बिन्द्रा ने भारत के लिये स्वर्ण जीता तब उनकी आयु पच्चीस वर्ष थी। ओलंपिक खेलों में स्वर्ण पदक जीतने वाले वह पहले भारतीय थे। सन् 1980 के बाद यह भारत का पहला स्वर्ण पदक था।

2008 के बीजिंग ओलंपिक में अभिनव बिन्द्रा ने भारत को खेल के क्षेत्र में गौरव प्रदान किया। अंतिम दौर में उन्होंने अन्य निशानेबाज़ों से ज़्यादा अंक हासिल किये। बिन्द्रा को 10.8 अंक प्राप्त हुए जबकि अन्य

नज़दीकी प्रतिद्वंदी को 9.7 अंक प्राप्त हुए। अभिनव के लिये, बीजिंग में विजय से तात्पर्य था बहुत सारी चीज़ों को करना - बहुत अर्थों में यह जीवन को परिवर्तित कर देने वाला अनुभव था। यह समस्त संसार के समक्ष स्वयं को सिद्ध करने का मौक़ा था, कि वह स्वर्ण ला सकते हैं। यह बारह वर्षों के सतत प्रयास एवं अभ्यास का सुखद परिणाम था, यह स्वप्न साकार हो रहा था, यह लक्ष्य प्राप्ति की वह उपलब्धि थी जो शायद बहुत सारे महत्त्वाकांक्षी व्यक्तियों का लक्ष्य हुआ करती है।

'बीजिंग जाने से पहले वाली रात मैं एक क्षण के लिये भी सो नहीं पाया।'

'ओलंपिक में, मेरे खेल में प्रत्येक व्यक्ति मानसिक रूप से असफल पाया गया। यह संपूर्णता का खेल है, आप कोई ग़लती नहीं कर सकते, एक अपरिपक्व दिन पर आपको परिपक्व होना पड़ता है। इस प्रतियोगिता में प्रत्येक प्रतिभागी को 60 शॉट खेलने होते हैं, और ग़लती की कोई गुंजाइश नहीं होती है। आप एक खिलाड़ी हैं, आपको बीस शॉट खेलने होते हैं और आप जानते है, कि आपके द्वारा की गयी ग़लती भारी पड़ती है। यदि कोई ग़लती होगी तो वह यह होगी कि आपका लक्ष्य 10 है और आप 9.9 पर शूट करते हैं। जैसा कि नियम कहता है, कि ग़लती पर पूरे एक अंक की सज़ा मिलती है। जब आप मानसिक रूप से कमज़ोर महसूस करते हैं, चिन्तित होते हैं, तब इन क्षणों से उबरने के लिये आप अपनी रायफ़ल नीचे रखें और पुनः प्रारंभ करें। कुछ शॉट बहुत आसान लगेंगे, लेकिन कुछ में पूरी ऊर्जा लगानी होगी। और इस स्थिति से उबरने के लिये आपको अपना सर्वस्व लगाने योग्य बनना होगा।'

विजय का स्वप्न पूरा होने के बाद अभिनव ने एक गहरी सांस ली और उस प्रत्येक दिन को जीया जो वे तेरह वर्ष की उम्र से अपने स्वप्न में देख रहे थे। अभिनव ने अपने जीवन की शून्यता को पल भर में झटके से दूर कर दिया। उन्होंने अपने सपने को सफ़लता के साथ पूरा किया।

भारत के लिये स्वर्ण पदक जीतना ज़ोरदार भावावेश से कहीं अधिक था, बिन्द्रा के लिये यह एक धुन की तरह था जिसने उनके कौशल, उनके खेल और स्वयं उनको साबित किया। बीजिंग की विजय ने उन्हें पूरी तरह

से परिपूर्ण कर दिया था, किन्तु अभी भी खालीपन था। स्वर्ण के लिये उनके प्रेम एवं ललक ने उन्हें उस हद तक तैयार कर दिया कि हर हाल में उन्हें जीतना ही है, और यह भावना उनमें सर्वत्र व्याप्त हो गयी थी।

जहाँ तक उन्हें याद है, उनके जीवन में, उनके दिमाग़ में खेल को पूर्णता देने के अलावा और कुछ नहीं चलता था। जब वे तेरह वर्ष के थे, तभी से प्रतिदिन उनका विकास खेल के चारों ओर ही हुआ। जैसा कि वो जानते हो, कि केवल स्वर्ण जीतने के लिये ही वे जीवित हैं। लगभग एक दशक तक उन्होंने सतत अभ्यास, प्रशिक्षण एवं चिन्तन-मनन किया। चिड़िया की आँख पर निशाना ही स्वर्ण पदक था।

और अब जब उन्होंने वह कर दिखाया, तो वे कहते हैं कि खेल में आगे कुछ और करने को नहीं था। बीजिंग में स्वर्ण जीतने के बाद बिन्द्रा ने निशानेबाज़ी को जब देने का निश्चय किया।

स्वर्ण की तलाश या खोज में वह उस हद तक खो गये, कि खेल के तनाव एवं दबाव से वे घृणा करने लगे। बिन्द्रा के लिये, शूटिंग केवल एक खेल की तरह होकर रह गयी थी, यह स्वयं को अभिव्यक्त करने में बदल गया था, और वे अपने प्रदर्शन पर लगातार नज़र रख रहे थे। उनके मन में दुविधा थी, जिससे उन्हें चिन्ता हो रही थी और दबाव भी बन रहा था। इस सब से उन्हें अपने कौशल को अच्छा बनाने में मदद मिली, और इसने खेल के प्रति उनमें आक्रोश भर दिया।

'जीत ने मेरे जीवन के बहुत बड़े खालीपन को समाप्त किया। सोलह साल से पदक की चाह मेरे अस्तित्व का हिस्सा थी। मैं प्रत्येक रात्रि स्वर्ण पदक जीतने का स्वप्न देखा करता था। मेरी सुबह इसी लक्ष्य के साथ होती थी और पदक जीतने के बाद, मैं तैयार था, किन्तु मुझे अब कहीं नहीं जाना था।'

विजय के दो वर्ष आत्म-परीक्षण, लक्ष्य प्राप्ति, प्रेम, लगन एवं उद्देश्य-प्राप्ति की यात्रा के थे। जहाँ तक बिन्द्रा को याद है, उनके जीवन में सदैव एक उद्देश्य रहा और उस उद्देश्य, महत्त्वाकांक्षा की पूर्ति हेतु उन्होंने सटीक क़दम उठाये। हर क़दम, हर चाल सुनियोजित एवं योजनाबद्ध

तरीक़े से चले गये। किसी भी तरह की कोई कोताही नहीं बरती गयी, बाद में संभावनाओं पर सोच विचार के लिये कोई गुंजाइश नहीं छोड़ी। यह जीत रूपी यात्रा के लिये ऐसा चिन्हित एवं जाँचा परखा मार्ग था, जहाँ लक्ष्य की प्राप्ति हेतु किसी भी तरह की कोई गुंजाइश नहीं छोड़ी गयी थी।

किशोरावस्था में जब बहुत-से बच्चे लक्ष्यहीन या दिशाहीन सपने देखने में अपना समय व्यतीत करते हैं, अभिनव ने शूटिंग क्षेत्र में अभ्यास करते हुए, चैम्पियनशिप स्पर्धाओं में भाग लेने हेतु अभ्यास में अपना समय व्यतीत किया। प्रत्येक प्रतियोगिता स्वर्ण पदक जीतने की ओर अगला क़दम होती थी। यह तो होना ही था, यह अवश्यंभावी था, अपरिहार्य था, बिन्द्रा ने स्वयं के लिये भी चुनाव का कोई स्थान नहीं छोड़ा था।

उन्होंने सालों तक कठिन शारीरिक एवं मानसिक प्रशिक्षण लिया, उन्होंने पदक जीतने की महान आवश्यकता, तथा विशालकाय इच्छा के लिये स्वयं को तैयार किया। और उन्हें ऐसा करना ही था।

'जब मैंने शुरुआत की थी, तब मेरी सबसे बड़ी महत्त्वाकांक्षा थी, क्लब प्रतियोगिता जीतना, उसके बाद जिला स्तरीय प्रतियोगिता जीतना। मेरी आकांक्षा दिनोदिन बढ़ती गयी। मैं धीरे-धीरे उन्नति करता चला गया।'

बीजिंग में स्वर्ण जीतने के बाद अभिनव ने निशानेबाज़ी के साथ व्यवसाय में भी हाथ-पाँव मारे। परन्तु उनका मन व्यवसाय में बहुत ज़्यादा समय तक नहीं रम सका। वह धीरे-धीरे अनुभव करने लगे कि खालीपन, या रिक्तता को भरने की आवश्यकता है।

वे बेचैन थे, वे कुछ करने के लिये लालायित थे, पर क्या करने के लिये? खेल उन्हें बहुत ज़्यादा उत्तेजित नहीं करता था, वास्तव में खेल के विषय में सोचते ही उन्हें अपनी वही पुरानी यादें ताजा हो आती थीं, जब उन्होंने स्वयं को कठोर अनुशासन में रखा और केवल जीत की ज़रुरत के विषय में सोचा।

उनके अनुसार, वह पुनः निशानेबाज़ी के लिये वापस नहीं जाना चाहते थे। बीजिंग में स्वर्ण जीतने के बाद उन्हें यह समझाया गया कि उन्होंने खेल के प्रति प्रेम को खो दिया है।

नये जीवन, नये उद्देश्य, नयी महत्त्वाकांक्षा, कुछ करने की ज़िद के लिये लालायित होते हुए महीने दर महीने बीतते गये। अभिनव ने विपश्यना नामक ध्यान किया, जिसका पाली भाषा में तात्पर्य है चीज़ों को वैसा ही देखना जैसी कि वे वास्तव में हैं।

करीब 2500 वर्ष पहले गौतम बुद्ध ने प्राचीन ध्यान तकनीक जिसे विपश्यना कहते हैं, को पुनः खोज निकाला। यह आत्मपरीक्षण के द्वारा स्व-रूपांतरण का मार्ग है। यह दिमाग़ और शरीर के मध्य गहरे अन्तरसंबंधों पर ध्यान केन्द्रित करता है। इसके अन्तर्गत शारीरिक संवेदनाओं पर अनुशासनात्मक ध्यान की आवश्यकता रहती है।

'अपने जीवन में कुछ निर्देशों का पालन करने के लिये मैंने विपश्यना का सहारा लिया। मैं यही सोचता रहा कि मेरी इच्छा और आगे बढ़ने की है। मैंने अपना पूरा प्रयास किया। विपश्यना में आप ध्यान करते हैं, मनन करते हैं, किसी भी प्रकार की कोई बातचीत नहीं करते हैं। उन दस दिनों में, मैंने यह अनुभव किया कि मेरा मन केवल निशानेबाज़ी की ओर वापस जाने को लालयित था और यह कि मुझे वास्तव में निशानेबाज़ी ही पसंद है।'

2010 में एक समय यह भी आया कि अभिनव ने खेल से अपने रिश्तों को पुनर्जीवित किया, खेल से उनका प्रेम-घृणा का रिश्ता क़ायम था, जिसे कि पुनः प्रेम के साथ प्रारंभ किया, उन्होंने इससे एक धुनी व्यक्ति के रूप में प्रेम किया और इसे प्रतिशोध मानकर घृणा की।

वे कहते हैं - यह एक नई यात्रा का शुभारंभ था। बीजिंग को उन्होंने पीछे छोड़ दिया था, उनके पदकों एवं उपलब्धियों से उनमें साहस का संचार हुआ, किन्तु वह जानते थे, कि खेल-जगत में 'गुजरा हुआ कल कोई मायने नहीं रखता।'

'आप जीत जाते हैं, और प्रत्येक दूसरे दिन, हर व्यक्ति की नज़र इस पर होती है कि अब अगे क्या होने जा रहा है। हर बार जब आप कुछ करते हैं, तो इतिहास में वह पहली बार ही हो रहा होता है।'

अभिनव ने एक विस्तृत दृष्टिकोण के साथ वापसी की। उनके

अनुसार, स्वर्ण पदक के लिये लगभग दो दशक तक संघर्ष करने के बाद, आप अनुभव करेंगे, कि 'स्वर्ण पदक ही जीवन में सब कुछ नहीं है। यह तो जीवन का एक पहलू है। जब आप अच्छा प्रदर्शन करते हैं, तो पाते हैं कि हमेशा ऐसा ही नहीं रहता है। कुछ हासिल होता है। और कुछ खो जाता है।'

लंदन ओलंपिक के लिये कठोर एवं नये लक्ष्य के साथ उन्होंने प्रशिक्षण प्राप्त किया। 'मैं लंदन के लिये बहुत अच्छी तरह से तैयार था। मैंने बहुत गहन तैयारी की थी। लेकिन मुझमें जुनून नहीं था।'

मैं असफल क्यों रहा

मुझमें जीत हासिल करने का जुनून नहीं था।

सलाह

- आप परिणाम पर ध्यान केन्द्रित नहीं कर सकते। जब आप प्रदर्शन कर रहें हो, तो आपको पूरी तरह में उन क्षणों से आत्मसात रहना होता है।
- आपमें जीत से, उपलब्धियों से एवं पदक जीतने के विचारों से दूर रहने की काबिलियत होनी चाहिए। जब आप यह सोचते हैं कि आप स्वर्ण जीत सकते हैं, तब आपका ध्यान लक्ष्य से हट जाता है।

'ऐसी बातें जो ख़ालिस सफलता के रूप में पेश की जाती हैं, वे मुझे या दुनिया को कुछ नहीं सिखातीं।'

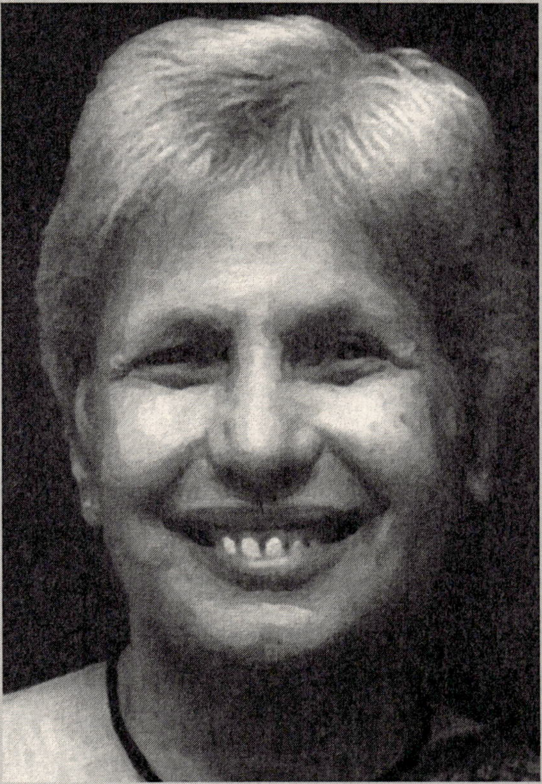

अनु आगा

अनु आगा ने अपने जीवन में वह सब प्राप्त किया जिसके अधिकांश लोग सपने देखते हैं। उन्होंने तीस बिलियन डॉलर के 'थर्मेक्स' समूह का सन् 1996 से 2004 तक नेतृत्व किया। अपने पति से व्यापार की बागडोर संभालने के पश्चात् उन्हें मजबूरी में कुछ कठिन निर्णय लेने पड़े, जो बाद में चल कर समूह के रूपांतरण का कारण बने। आपको शिक्षा के क्षेत्र में कार्य करने के लिये भारत सरकार द्वारा पद्मश्री से नवाज़ा गया है। इसके साथ ही वे टीच फ़ॉर इंडिया फ़ाउन्डेशन की अध्यक्ष भी हैं, और भारतीय संसद में राज्य सभा की सदस्या भी हैं।

'संदेह आविष्कार का जनक है, इस पर क़ायम रहो, इसे गले लगाओ विजय तुम्हारी होगी,' जब महान इटैलियन मनोवैज्ञानिक, गणितज्ञ, खगोलविद् एवं दार्शनिक गैलीलियो गैलीलेइ ने यह बात कही थी तो वह निश्चित ही भविष्य के गर्भ में छुपी बातों को तलाश रहे थे।

प्रबंधन गुरु, शिक्षक, प्रमुख उद्यमी एवं मनोविज्ञानी - इनमें से सभी 'स्वयं पर भरोसा रखो' इस मंत्र पर ज़ोर देते हैं। वे लोग जो आत्म-विश्वास रखते हैं, दूसरों को भी अच्छा नेतृत्व दे सकते हैं, पर इसके बावजूद भी स्वयं को कसौटी पर रखना आपको और अधिक विनम्र, प्रेरणात्मक एवं जागृत लीडर बनाता है।

रॉबर्ट सटन ने अपनी पुस्तक 'गुड बॉस बैड बॉस' में कहा है, 'अच्छे मालिक अति आत्म-विश्वास की नोंक पर नाच सकते हैं, परन्तु एक समुचित मात्रा में स्वयं पर शंका एवं दूसरों से मेल-मिलाप उन्हें गुस्सैल और चिड़चिड़ा बनने से रोकता है। वे मुखिया जो इस संतुलन को क़ायम नहीं रख पाते हैं, वे अयोग्य, काफ़ी हद तक ख़तरनाक एवं पतन की ओर अग्रसर होते हैं।'

ग़लतियाँ करने का डर दरअसल हमारी जागरूकता एवं बारीकियों को बढ़ाता है। जब 32.46 बिलियन रुपयों के मूल्य वाले थर्मेक्स लिमिटेड की निदेशक और पूर्वाध्यक्ष अनु आगा को अपने पति की असमय मृत्यु के पश्चात् ऊर्जा एवं पर्यावरण दक्षता के व्यापार को संभालना पड़ा, तो एक लम्बा अरसा उन्हें स्वयं पर शंकाओं के दौर में बिताना पड़ा। उस समय रोहिंटन आगा अध्यक्ष एवं प्रबंध निदेशक थे और अनु मानव संसाधन विभाग की प्रमुख थीं।

वित्त और टेक्नोलॉजी कभी भी उनके प्रिय विषय नहीं रहे, व्यापार उन्हें कभी प्रभावित नहीं करता था, हाँ, लोग करते थे। 1966 में उनके पिता ए.एस. भटेना द्वारा स्थापित इंजीनियरिंग कंपनी, वॉनसन (इंडिया) जो अब 'थर्मेक्स' के नाम से जानी जाती है, उनके पति के नेतृत्व में असाधारण रूप से विकसित हुई।

बहुत मृदुभाषी एवं कम जानी पहचानी अनु हमेशा उनके अत्यंत करिश्माई एवं क़ाबिल पति के साथ स्वयं की तुलना करती थीं। इस तुलना के कारण उन्हें ऐसा लगने लगा कि वह अपने पति जैसी नहीं बन सकतीं, लेकिन आगा ने कभी इस बात को अपने व्यक्तित्व में नहीं आने दिया। बल्कि वे लगातार स्वयं को कसौटी पर परखने लगीं, और निरंतर स्वयं से यह प्रश्न करती रहीं कि मुझे अपने पिता और पति की तरह दक्षतापूर्ण तरीक़े से व्यापार चलाने के लिये किस बात की आवश्यकता होगी।

कंपनी से प्रेम और लगाव के कारण वह स्वयं पर शंका करने की स्थिति से उबर पायीं। हालांकि पारिवारिक व्यापार में उनकी बहुत अभिरूचि नहीं थी, पर इससे वह अगाध प्रेम रखती थीं। यह एक तरह का उत्तराधिकार, एक विरासत थी। बहुत वर्षों तक मेहनत से सिंचित की गयी कंपनी की बागडोर संभालने के लिये उन्हें पुनः अपने पैरों पर खड़े होना था। किन्तु कैसे? वह रोहिंटन आगा नहीं थी, जो अपने थोड़े ही प्रयासों से मार्गदर्शी निर्णयों तक पहुँच जाते थे।

'व्यक्ति के रूप में मैं अपनी शक्ति, अपने सामर्थ्य को पहचानने में असफल रही। पुरुष बहुत आत्मविश्वासी होते हैं और अपनी सकारात्मकता एवं सामर्थ्य के विषय में बात करते हैं। वहीं दूसरी ओर स्त्रियाँ आत्म-शंका से परिपूर्ण होती हैं। विशेषतः चूंकि यह परिवार द्वारा स्थापित व्यापार था, मैंने स्वयं से पूछना प्रारंभ किया, कि यह व्यापार क्या मुझे इसलिये चुनना चाहिए क्योंकि इसमें मेरे इसमें 62 प्रतिशत शेयर हैं या इसलिये कि मैं ही इस कंपनी की प्रमुख बनने हेतु सही व्यक्ति हूँ? मैंने हमेशा स्वयं को कमतर ही आँका। और मैं सोचती हूँ कि जब आप स्वयं को कम आँकते हैं, तब आपको अपने सामर्थ्य एवं कमज़ोरियों दोनों का ही वास्तविक आकलन करना चाहिए न कि सिर्फ़ अपनी कमज़ोरियों का। मैं अपनी तुलना अपने पति से करती रही - जो मुझे नहीं करनी चाहिए थी। सेब कभी भी आपको संतरे का रस नहीं दे सकता। और यदि हम केवल संतरे का रस चाहते हैं, तो हमें सेब अच्छे नहीं लगेंगे। मैं कभी भी मेरे पति जैसी नहीं हो सकती। मेरा कौशल, मेरी शैली अलग है।'

पहले पति और बाद में अपने बेटे को खोने के दुख से संभलने

हेतु एवं नये उत्तरदायित्वों के साथ सामंजस्य बैठाने के लिए अनु आगा बौद्ध ध्यान प्रक्रिया, विपश्यना की दस दिनों की गहन प्रक्रिया से गुज़रीं।

'विपश्यना ने मुझे मेरे पति की मृत्यु से उबरने में बहुत सहायता की। वहाँ पर ही मैंने यह अनुभव किया कि अब कभी भी मेरे पति साथ नहीं होंगे और मेरे पास दूसरों से सहायता लेने के अलावा और कोई विकल्प नहीं है। मैंने स्वयं से प्रश्न किया, कि दूसरों से सहायता लेने में मुझे क्या रोक रहा है?'

शीघ्र ही आगा ने थर्मेक्स कंपनी की अध्यक्ष के रूप में पदभार सँभाला, नब्बे के दशक में भारत को आर्थिक गिरावट का सामना करना पड़ा। 1995 में कंपनी पब्लिक कंपनी के रूप में (स्टॉक एक्सचेंज में सूचीबद्ध हुई), किन्तु आगा कहती हैं, 'हम लोग अब भी निजी कंपनी की मानसिकता के साथ काम कर रहे थे।'

अनु के पति, रोहिंटन आगा, विभिन्न व्यवसायों से संबंधित थे। 'वे वास्तव में एक कल्पनाशील व्यक्ति थे एवं उनके पास ढेरों आश्चर्यजनक विचार थे,' ऐसा वह कहती हैं। किन्तु उन्होंने अनुभव किया कि शायद उनमें से कुछ विचार उनके समय से काफ़ी आगे थे, जैसे कि वायु ऊर्जा से संबंधित व्यवसाय प्रारंभ करना।

कंपनी ने वायु ऊर्जा का व्यवसाय उस समय प्रारंभ किया जब वायु ऊर्जा कंपनियों के लिये किसी भी तरह के टैक्स निर्धारण का कोई प्रावधान नहीं था।

'हमसे कुछ व्यवसाय जुड़ते गये, पर हमारे पुराने व्यवसाय समाप्त भी होते गये। जब मैंने व्यवसाय प्रारंभ किया तो यद्यपि मैं उद्यमी नहीं थी, किन्तु मुझमें विवेक एवं अन्तर्ज्ञान था। मैं जानती थी कि हम ऐसे व्यवसायों को जारी नहीं रख पायेंगे जिनसे हमें मुनाफ़ा नहीं मिल पा रहा है।'

धीरे-धीरे अपने व्यवसाय को चलाने के लिये आगा ने पुनः अपनी योग्यता में विश्वास अर्जित किया, और जो कठोर निर्णय लेने कठिन थे, ऐसे निर्णय लिये। उन्होंने महसूस किया कि इसे संतोषजनक परिणाम देने वाली कंपनी के रूप में स्थापित करना था। हमारे व्यवसाय की धीमी होती

गति का कारण स्पष्ट था - आर्थिक मंदी।

अक्सर, हममें से उत्कृष्ट लोग भी धीमी गति के कार्य होने की स्थिति में वाजिब बहाने खोजने लगते हैं। हम अपने कारणों या बहानों को उस स्तर तक ले जाते हैं कि हम अपनी योग्यताओं या क्षमताओं से अधिक उनमें विश्वास करने लगते हैं।

मेरे समस्त अधिकारी, जो पुरुष थे, लगातार कहते रहे, 'आप चिन्ता न करें, हम पुनः आगे बढ़ेंगे। किसी भी तरह के बदलाव की आवश्यकता नहीं है।' उनका कहना था, कि यदि कोई सबसे ज़्यादा प्रभावित व्यक्ति है तो वह थी मैं, क्योंकि मेरे पास ही कंपनी के सर्वाधिक शेयर थे।

ठीक इसके बाद आगा को एक असंतुष्ट शेयरधारक से एक गुमनाम पत्र प्राप्त जिसके कारण उन्होंने कंपनी की ज़िम्मेदारियों को समुचित रूप से समझ लिया। कंपनी के ख़राब प्रदर्शन के बारे में जैसा उन्हें बताया गया था और जिससे शायद वे और उनका परिवार ही ज़्यादा प्रभावित होते थे, उन्होंने इस बात को अच्छी तरह समझ लिया कि थर्मेक्स के लगभग चालीस प्रतिशत मालिकाना हक़ रखने वाले लोग ही ऐसे शेयरधारक थे जिन्होंने कंपनी में विश्वास दिखाया था। उस पत्र में उनके सक्रिय न होने का भी दोषारोपण किया गया था। यह वही पत्र था, जिसने उन्हें इस बात का अच्छी तरह भरोसा दिलाया कि कंपनी को एक बेहतर सोच की आवश्यकता है।

हम अपनी बैलेंस शीट पर लाभ दिखा रहे थे, क्योंकि हम पब्लिक कंपनी के रूप में स्थापित हो गये थे। मैंने अनुभव किया कि हम लोग कंपनी के संचालन में घाटा उठा रहे हैं, और हमारे पास एक अच्छी बैलेंस शीट है क्योंकि हमारी ट्रेज़री आय उत्तम है।

अनु आगा एक महती ईमानदार एवं बहादुर महिला थीं, उन्होंने एक प्रेस सम्मेलन में कंपनी की स्थिति के संदर्भ में घोषणा कर दी। वह यह देख पा रही थीं, कि कंपनी हाथ से निकल रही थी और उन्होंने इस बात पर विशेष ज़ोर दिया कि कंपनी के सुधार के लिये तुरन्त कार्यवाही की आवश्यकता है।

'प्रत्येक व्यक्ति ने कहा कि आपको अपनी कंपनी की ऐसी स्थिति इस तरह उजागर नहीं करनी चाहिए। ईश्वर का धन्यवाद कि मैंने ऐसा किया। क्योंकि जब हम समस्या के साथ आत्मसात नहीं होंगे तो हम इसका निराकरण कैसे कर पायेंगे? इस वजह से मैं असहज हो गयी। किन्तु मेरे अनुसार यदि आपकी नींव मज़बूत नहीं है, और आप इसे स्वीकार भी नहीं करते हैं, तो स्थिति डाँवा-डोल हो जायेगी, अस्थिर रहेगी। आपको वास्तविकता की ओर ध्यान देना चाहिए। आपको होने और करने के मध्य अन्तर स्थापित करना चाहिए।'

जब आगा ने अपने स्टॉक का परीक्षण एक सलाहकार से करवाने का सोचा, तब उन्हें कंपनी के प्रत्येक कर्मचारी द्वारा बाधाओं का सामना करना पड़ा, साथियों और कर्मचारियों ने उन्हें कठघरे में खड़ा कर दिया और सभी उनके खासे विरोध में सामने आ गये।

'जब मैंने यह इच्छा व्यक्त की, कि मैं किसी सलाहकार कंपनी से सहायता लूँ, तो समस्त वरिष्ठ पदाधिकारियों ने उनके विरोध में ही सलाह दी। उन्होंने कहा, 'हमने उनकी सलाह का अनुकरण कभी नहीं किया,' किन्तु मैं बहुत आश्वस्त थी, मैंने अपना पक्ष बोर्ड के समक्ष रखा और उन्हें समझाने की कोशिश की। पुरुषों के लिये स्त्री से सहायता माँगना बहुत मुश्किल था। यह उनकी 'मरदाना छवि' के विरूद्ध था।'

पुनः, अनु आगा ने अपनी असफलता के बिन्दुओं का अवलोकन किया और यथोचित क़दम उठाये। यद्यपि वह आत्म-शंका के बादलों से घिरी हुईं थीं, उन्होंने स्थितियों का आकलन करते हुए अपनी योग्यता को और स्वयं को पुनः स्थापित किया।

'मैंने हमेशा यही सोचा कि यदि मैं कोई काम नहीं करना चाहती तो मैं कभी भी समझौता नहीं करूंगी। मैंने ग़लतियाँ की। मुझमें दोष स्वीकारने का साहस है। जिन चीज़ों को करने में आप विश्वास करते हैं और वही करते भी हैं, तब आप आत्मशक्ति से परिपूर्ण होते हैं और आपका स्वयं पर विश्वास और भी बढ़ जाता है।'

उन्होंने बॉस्टन कन्सल्टिंग ग्रुप (बीसीजी) की सेवाएँ लीं। इसके बाद

उन्हें बहुत सारे कठिन निर्णय लेने पड़े – आगा ने पुनः व्यवसाय को आकार दिया एवं प्रवाह में लायीं, थर्मेक्स के अपरम्परागत आधार स्तंभों को पुनः जागृत किया और प्रदर्शन पर आधारित कार्यशैली को प्रोत्साहन दिया, और इस तरह के निर्णय लेने के लिये अनु आगा का अडिग, दृढ़ प्रतिज्ञ, निश्चयी और अपने इरादों में पक्का होना आवश्यक था।

'असफलता को स्वीकृत किये बिना आप उससे कुछ नहीं सीख सकते। आप यह नहीं सोच सकते कि आप शुतुरमुर्ग हैं। आपको समस्या में सुधार लाने के लिये कठोर एवं निश्चित क़दम उठाने चाहिए।'

'हमने हमेशा यह सोचा कि व्यवसाय करने का उद्देश्य रोजगार की संभावना उत्पन्न करना है। मैंने और मेरे पति ने सोचा कि हम कुछ कम काम करने वालों को भी साथ लेकर चल सकते हैं बशर्ते कि वह ईमानदार हों। लेकिन हमने पाया कि प्रतिस्पर्धात्मक बाज़ार में यह बात संभव नहीं है। कर्मचारी की लागत लगभग 17 से 18 प्रतिशत आती है। ऐसी स्थिति में हमने बोर्ड का पुनर्गठन किया और एक प्रोत्साहन पद्धति लागू की।'

पहले ऐसा होता था कि किसी भी कर्मचारी द्वारा किये गये अच्छे कार्य की सराहना करते हुए और उसे तरक़्क़ी देते हुए बोर्ड सदस्य बना दिया जाता था। जब अनु आगा ने कार्यभार संभाला उस समय बोर्ड में नौ एग्ज़ीक्यूटिव डायरेक्टर थे।

'लेकिन जब सब चीज़ें ग़लत दिशा में जाने लगीं तब सारे एग्ज़ीक्यूटिव अपने स्वयं के ही कार्य का मूल्यांकन नहीं कर पाये। उनके पास हमेशा अलग-अलग प्रकार के बहाने हुआ करते थे। मैंने महसूस किया कि परिवर्तन का यह सही समय है। अलग तरीक़े से सोचने के लिए बॉस्टन कन्सल्टिंग ग्रुप ने मेरी बहुत मदद की।'

पूरे बोर्ड का पुनर्गठन किया गया और कुछ स्वतंत्र निदेशक लाये गये। यह सारा आमूलचूल परिवर्तन अपरम्परागत व्यापारिक गतिविधियों के दोहन के लिये था। कंपनी के व्यापार को ऊर्जा एवं पर्यावरण के छः क्षेत्रों में फिर संगठित किया गया। हमने कार्यकुशलता बढ़ाते हुए, कर्मचारी लागत की, जो पहले टर्नओवर का सोलह प्रतिशत हुआ करती थी, साढ़े

सात प्रतिशत तक ला खड़ा किया। जो समूह पर मालिकाना हक़ रखते थे उनको कार्यकारी पदों से हटाते हुए, कार्य संचालन के सभी सूत्र परिवार के बाहर के सदस्यों को सौंपे गये, जो एक कार्यकुशल दल था, जिसका नेतृत्व एक प्रबंध निदेशक के हाथ में था।

'यदि आप समस्याओं को नहीं समझोगे, तो उन्हें दूर कैसे करोगे। मेरे पति की मृत्यु के बाद यह बात मुझे उस समय समझ में आयी, जब कंपनी घाटे में जाने लगी। और यही सत्य था।'

किन्तु अनु आगा ने कभी अपनी स्थितियों से अपने कार्य को नहीं जोड़ा। उन्होंने अपनी स्थिति से प्रभावित होकर कभी कोई काम नहीं किया।

'आपको अपने होने और करने में हमेशा फ़र्क़ बनाये रखना होगा। मुझे स्वयं के अस्तित्व से बेहद लगाव होना चाहिए, पर चूंकि मुझे कर्म करना है, इसलिए यह निश्चित है कि बिना विफलताओं के यह नहीं होगा। अचानक किये हुए काम विफलता की ओर ले जाते हैं। यह प्रत्येक व्यक्ति पर निर्भर करता है, कि वह अपने कर्म को किस तरह देखता है या देखती है, लेकिन स्वयं को अपने होने पर फ़ख्र करना चाहिए और वह भी बिना किसी शर्त के। विफल होने का सम्पूर्ण शास्त्र वस्तुतः प्रकृति का नियम है।'

'ऐसी बातें जो ख़ालिस सफलता के रूप में पेश की जाती हैं, वे मुझे या दुनिया को कुछ नहीं सिखातीं। किन्तु यदि हम अपने कमज़ोर पहलुओं को आपस में बाँटते हैं, तो इससे हम काफ़ी कुछ सीखते हैं।'

मैं असफल क्यों रही

- मैंने अपने आप के बजाय कोई और व्यक्ति बनने का प्रयास किया।
- मैंने उन ख़ूबियों पर चलने का प्रयास किया जो मुझमें थीं ही नहीं, और जो थीं उन्हें अनदेखा किया।

सलाह

- अपने अस्तित्व (होने में) एवं कर्म करने में कभी असमंजस की स्थिति में मत रहो।
- ताक़त और कमज़ोरी किसी भी व्यक्ति का एक हिस्सा है। अपने काम में अपनी पूरी ताक़त लगा दो।
- अपनी अन्तरात्मा की आवाज़ पर विश्वास करो।
- अपने व्यावहारिक ज्ञान पर विश्वास रखो।
- याद रखो, आपको अपना जीवन ऐसे नहीं जीना है जैसा कि दुनिया आपसे चाहती है। ऐसे काम करो जिनसे आपको संतुष्टि मिले।

‘मेरी मृत्यु का शोक-संदेश तो 1999 में ही लिखा जा चुका था... उसके बाद का जीवन तो बोनस है।’

मधुर भण्डारकर

मधुर भण्डारकर एक अलग प्रकार के फ़िल्म निर्माता हैं। उनका सिनेमा बॉलीवुड के वैभव एवं दिखावे से परे है। अपनी पहली हिट फ़िल्म *चांदनी बार* के ज़रिये उन्होंने मुंबई में बार में काम करने वाली लड़कियों की कहानी के विषय में बताया। हम जिस समाज में रहते हैं, उसके विभिन्न पहलुओं को बहुत सारी फ़िल्मों ने उजागर किया है। *कॉरपोरेट* एवं *पेज़3* जैसी फ़िल्मों को इस तरह से बनाया गया, जो परेशान कर देने वाली हैं, परन्तु हमारे समाज का सही रूप प्रस्तुत करती हैं। अपने गहन शोध और विस्तार में जाने के नज़रिये के लिए मशहूर, मधुर कहते हैं, अगर वह निर्देशक नहीं होते तो एक पत्रकार होते।

'मैंने अपने साहस, दृढ़ विश्वास एवं स्वाभाविक प्रवृत्ति के साथ अपनी पहली फ़िल्म *चांदनी बार* का निर्माण किया, जैसी कि प्रत्येक व्यक्ति की मुझसे अपेक्षा थी।'

काफ़ी हद तक सफलता की ही तरह विफलता भी मनोरंजन के जगत में विभिन्न आयामों को छूती है। एक दिन आप चमकते हुए सितारे होते हैं और अगले ही पल कुछ नहीं। और ऐसा कोई नहीं जो इस कुछ नहीं के बारे में जानना चाहता हो, इसके आस-पास रहना चाहता हो या इससे संपर्क रखना चाहता हो। और फ़िल्म जगत में तो इस तरह की प्रतिक्रियाएँ बड़े स्वरूप में दिखायी देती हैं। मधुर भण्डारकर की फ़िल्म जगत की यात्रा विफलताओं, अस्वीकृतियों, आँसुओं एवं तिरस्कारों से भरी पड़ी है। विफलताओं एवं अस्वीकृतियों की यह यात्रा दशकों तक जारी रही, जब तक कि उन्होंने अपनी हिट फ़िल्म *चांदनी बार* नहीं बना ली जिसके कारण उनका स्तर रातों-रात ही 'कुछ नहीं' से 'कुछ' के रूप में स्थापित हो गया।

इनकी ज़िन्दगी रुकावट, चुनौती, विफलता एवं प्रेरणाओं से भरी हुई हमेशा ही भावनात्मक रूप में तीव्रतम, अविश्वसनीय, प्रेरणास्पद रही है। भण्डारकर ऐसे भारत में बड़े हुए जहाँ शिक्षा ही मध्यमवर्गीय लोगों को दूसरी श्रेणी का कहलाने एवं घिस-घिस कर जीने की जीवन-शैली से बाहर आने का माध्यम है। उनके पिता इलेक्ट्रिकल कॉन्ट्रैक्टर थे, और मधुर को आगे पढ़ाने के लिए अधिक आर्थिक सहायता करने में असमर्थ थे, और भण्डारकर ने जल्द ही इस बात को समझ लिया।

इच्छा एवं दायित्व के बीच युद्ध

वह तेरह या चौदह साल के रहे होंगे जब वह छठी कक्षा की परीक्षा में फ़ेल हो गये और आगे पढ़ने का भी निश्चय किया। वह जानते थे कि उनका परिवार उन्हें ट्यूशन दिलवाने में असमर्थ है, अतः उन्होंने वीडियो कैसेट वितरक के रूप में कार्य करने का निश्चय किया। 'मैं नहीं जानता

था कि क्या करना चाहिये। बस इतना जानता था कि मुझे कुछ तो करना है। स्थितियाँ इतनी ख़राब थीं कि यदि मैं दस रुपये भी घर ले जाता तो, हम जिस हाल में रहते थे उसमें कुछ बदलाव लाया जा सकता था।'

लगभग पाँच वर्षों तक भण्डारकर ने वीडियो कैसेट वितरित किये, इस काम ने उनमें फ़िल्मों के प्रति ललक जगा दी। 'मैंने पूरे समय फ़िल्में ही देखीं। जब मेरी उम्र के बच्चे *चन्दामामा* (बच्चों की पत्रिका) पढ़ते थे, मैं फ़िल्मों के नाम पढ़ता था।'

उनकी पहली और एकमात्र शिक्षा फ़िल्मों एवं किताबों के माध्यम से हुई। एक उत्सुक पाठक के रूप में, भण्डारकर ने वह सब कुछ पढ़ा और पढ़ने का प्रयत्न किया, जो उनके रास्ते में आता गया - वह कहते हैं, कि वह न जाने कैसे अंग्रेजी सीख गये। मुंबई शहर में बहुत कम कैसेट वितरक लड़के थे, जो ग्राहकों से अंग्रेजी में बातचीत कर पाते थे। 'मैं आकर्षक व्यक्तित्व का धनी हूँ और लोगों की खासी समझ रखता हूँ और यही मेरी फ़िल्मों में भी दिखाई देता है।'

जब भण्डारकर ने फ़िल्म निर्माता बनने का निश्चय किया, वह अपनी महत्त्वाकांक्षा अपने परिवार वालों से बताने में बहुत आशंकित थे, जबकि उनकी इस आकांक्षा से उनके परिवार की दशा सुधरना संभव था। एक ऐसा बेटा जिससे अपेक्षा की जा रही थी कि वह मस्कट जाये और अच्छे पारिश्रमिक वाली कोई नौकरी करे और पूरे परिवार को सहारा दे। बिजली ठेकेदार के पुत्र से यह आशा नहीं की जाती कि वह किसी ऐसे उद्योग से जुड़ेगा जहाँ सफल, धनवान व पहुँच वाले लोगों का जमावड़ा हो।

'मेरी माँ की इच्छा थी कि मैं काम करने के लिये मस्कट जाऊँ। मेरी समझ में नहीं आ रहा था, कि मैं क्या करूँ। उनके प्रति उत्तरदायित्व का भाव मुझमें हिलोरें मार रहा था लेकिन इसी के साथ मुझमें फ़िल्म निर्माण की गहन इच्छा भी थी।'

भण्डारकर ने विभिन्न फ़िल्म निर्माताओं के साथ सेट पर काम किया, जहाँ तीस रुपये की राशि उन्हें जूते पकड़ने व फ़र्श साफ़ करने के लिए दी जाती थी, वे स्टूडियो पैदल जाकर एवं खाना न खाकर इस राशि

का कुछ हिस्सा बचाते थे। बाद में उन्होंने पूरी तरह से फ़िल्म निर्माण में क़दम उठाए।

जब आप अपने दिल की बात नहीं सुनते

वह विलासिता का जीवन, उनके सपने का अनुसरण, जिसका ख़र्च उनका परिवार नहीं उठा सकता था और न ही वे खुद ही तीस रुपये से वैभवपूर्ण जीवन व्यतीत कर सकते थे। धन कमाना अत्यंत आवश्यक था और उन पर पारिवारिक दायित्व भी पूरी तरह से था। भण्डारकर ने वह प्राप्त करने का प्रयास किया जिसकी उनके परिवार ने हमेशा इच्छा की थी और वह था एक सामान्य-सा जीवन, जिसमें मूलभूत आवश्यकताओं की पूर्ति हो सके, एवं इतना धनोपार्जन हो जाये कि दूसरे दिन यह नहीं सोचना पड़े कि अगले दिन क्या खायेंगे। भण्डारकर की प्रतिदिन के संघर्ष से दूर जाने की चाह ने उन्हें मस्कट और दुबई पहुँचा दिया, किन्तु उनके अनुसार 'मैं वहाँ ऊब गया और मैंने वापस आने का निश्चय किया।'

भण्डारकर मालगोदाम या कारखाने में काम नहीं कर सके। अपमानजनक स्थिति एवं भावनात्मक ऊहापोह की स्थिति के साथ-साथ अन्य असामान्य स्थितियाँ भी उनके विपरीत थीं, जिन्होंने उन्हें संभावनाओं या आशा के साथ रहने में असमर्थ साबित किया। उन्होंने अपने दिल की आवाज़ सुनी और मुंबई वापस आने का निश्चय किया। घर वापसी प्रतिकूल थी, यह कहना बहुत कम होगा। किन्तु भण्डारकर ने कभी सोचा भी नहीं था, यह सब इतनी आसानी से हो जायेगा और शायद इसी ने उन्हें इस मुश्किल स्थिति से उबरने का मौक़ा दिया और उन्होंने अपने स्वप्न को साकार करने के लिए क़दम बढ़ाया।

जब आप अपने पहले बेहतरीन अवसर में असफल हो जाते हैं

'मैं बिना कुछ जाने कि कहाँ जाना है, सुबह जागा।'

भण्डारकर फिर महीनों बिना किसी काम की अवस्था में आ गये, जब तक कि वह फ़िल्म निर्देशक राम गोपाल वर्मा से नहीं मिले, और फ़िल्म *रंगीला* में उनके सहायक के रूप में काम किया। वर्मा की चार

फ़िल्मों में बतौर सहायक निर्देशक काम करने के बाद, भण्डारकर में अपनी स्वयं की फ़िल्म का निर्देशन करने का साहस और विश्वास आया। 'लेकिन किसी हीरो या अन्य सितारों का सहयोग न मिलने के कारण किसी ने मेरी मदद नहीं की।'

लगभग दो साल के अथक प्रयास के बाद भण्डारकर को मुंबई के फ़िल्म समूह 'बौम्बिनो' से सहायता मिली। एक बहुत बड़ी संस्था द्वारा सहायता देने का मतलब था कि भण्डारकर के पास समझौता करने के अलावा कोई गुंजाइश नहीं थी। 'बौम्बिनो ने मुझे एक अवसर प्रदान किया पर उन्हें एक कमर्शियल फ़िल्म बनानी थी। मैंने स्वयं को समझाया, कि भिखारी स्वयं कुछ नहीं चुन सकता। मेरा अपना कोई चुनाव नहीं था।'

भण्डारकर ने अपनी पहली फ़िल्म *त्रिशक्ति* तीन वर्षों में बना ली। यह वह फ़िल्म थी जहाँ भण्डारकर को फ़िल्म की व्यावसायिकता पर ज़्यादा ध्यान देना था, न कि अपनी अन्तःप्रेरणा तथा तर्क पर।

'फ़िल्म पर किसी भी प्रकार की समीक्षा नहीं आई। फ़िल्म प्रदर्शन के शुक्रवार वाले दिन मैं अपने दोस्त के यहाँ गया, जो यह नहीं जानता था, कि उस दिन मेरी फ़िल्म सार्वजनिक रूप से प्रदर्शित हुई है। मैं उस रात टूट गया था। फ़िल्म नहीं चली। मैंने सोचा, कि मेरा करियर ख़त्म हो गया। मेरे साथ कोई भी जुड़ना नहीं चाहता था। हर व्यक्ति ने मुझसे कहा कि अब तुम्हारा काम ख़त्म हुआ, अब तुम रामगोपाल वर्मा के पास पुनः लौट जाओ। मेरे माता-पिता ने मस्कट वापस लौटने को कहा। हर जगह नकारात्मकता व्याप्त हो गयी थी। मैं लगभग तीस वर्ष का हो गया था और जीवन में कुछ नहीं कर पाया था। मेरी मृत्यु का शोक-संदेश लिखा जा चुका था।'

एक और वर्ष संघर्षपूर्ण रहा। निर्माताओं से मिलने के लिये एवं बस में सफ़र करने के लिये भण्डारकर ने सौ रुपये उधार लिये। भण्डारकर ने जो थोड़ी बहुत सीख हासिल की, या जो साख सालों में बनायी थी, रातों-रात बर्बाद हो गयी और इसी कारण फ़िल्म उद्योग में उन्होंने अपने सारे दोस्त खो दिये।

'लोग खुले आम मेरी उपेक्षा करने लगे। वे मुझे देखकर चले जाते थे, मेरा फ़ोन भी नहीं उठाते थे। मुझे कहीं भी बुलाया नहीं जाता था। यह मेरे लिये शिक्षाप्रद अनुभव रहा। लगभग प्रत्येक व्यक्ति द्वारा मेरा बहिष्कार किया गया।'

भण्डारकर की दिनचर्या थी, पूरे शहर में बस में घूमना और पचास से साठ सिक्के उन लोगों से फ़ोन पर बात करने में ख़र्च करना, जिनके बारे में वह सोचते थे कि उनसे कुछ सहायता मिल सकेगी।

एक साल गुजर गया, भण्डारकर की स्थिति में कोई सुधार नहीं हुआ। वास्तव में उनकी ख्याति गिर गयी थी और फ़िल्म निर्माता के रूप में उनकी साख भी गिर गयी थी। अब उनके पास न ही कोई संबंध रह गये थे और न ही पैसा रह गया था, जिससे कि वह अपनी साख वापस ला पाते।

जब ज्वालामुखी का विस्फोट हुआ

अपनी यात्रा को भण्डारकर ने निरंतर जारी रखा। और एक रात उन्होंने स्वयं को मुंबई के माहिम के एक डांस बार में धीमी रोशनी के पीछे आश्चर्यजनक रूप से ऊँची आवाज़ वाले संगीत एवं रंगीन चमकदार चेहरों के बीच पाया।

'मैं नृत्य करती हुई लड़कियों को देखकर आश्चर्यचकित था। मैं अत्यंत मध्यमवर्गीय परिवार से आया था और मेरे लिये डांस बार में इस तरह बैठना एक बेहद शर्म एवं संकोच में डाल देने वाला अनुभव था। मैं भयभीत था, मैं नहीं चाहता था, कि कोई मुझे देख भी पाये। मेरे साथ एक और नकारात्मक चीज़ घटित हुई, जो कि मधुर भण्डारकर के विरूद्ध थी। मैं वहाँ तीस मिनट बैठा, किन्तु वापस घर आने के बाद भी मैंने जो बार में देखा, वह सब मेरा पीछा कर रहा था।'

और फिर वह यात्रा शुरू हुई, जो बाद में पुरस्कार प्राप्त फ़िल्म *चांदनी बार* के रूप में सामने आयी।

उस अनुभव के बाद भण्डारकर करीब-करीब हर रात डांस बार में जाने लगे। कभी-कभी वे चार या पाँच विभिन्न तरह के महंगे और सस्ते

डांस बार में जाते। भण्डारकर का इस तरह डांस बार में जाना फ़िल्म के लिये खोज थी, जो कि उनके दिमाग़ में आकार ले लेती थी। मुंबई में लगभग साठ बारों में बैठने से लेकर साजसज्जा वाले कमरे तक का दौरा उन्होंने किया, वे बताते हैं, कि लड़कियाँ धीरे-धीरे खुलना शुरू हुईं और अपने जीवन वृतांत मुझसे साझा करने लगीं।

भण्डारकर जानते थे, कि उन्हें किस तरह की फ़िल्म निर्देशित करनी है, किन्तु चुनौती थी निर्माता खोजने की। वह लगभग पन्द्रह निर्माताओं से मिले जिन्होंने उनके विचार एवं फ़िल्म को नकार दिया। उन्हें यह समझा दिया जाता था, कि नृत्य बार की महिलाओं पर असली फ़िल्म बनाना व्यावसायिक रूप से सफल नहीं रहेगा। अनेकों विफलतायें भण्डारकर के फ़िल्म बनाने के विचार को डिगा नहीं पायीं।

'मैं जानता था कि इस बार मैं ऐसी फ़िल्म बनाना चाहता था जैसी मैं चाहता था। मैंने अपनी अन्तःशक्ति, अनुभव एवं दृढ़ विश्वास क़ायम रखा। मेरी पहली फ़िल्म में मैं दृढ़ नहीं था। मैंने वैसी फ़िल्म बनायी जैसी कि प्रत्येक व्यक्ति मुझसे चाहता था। मैंने सोचा कि मैं यह फ़िल्म वैसी बनाऊंगा जैसी कि मैं चाहता हूँ।'

भण्डारकर की फ़िल्म निर्माण के लिये आर. मोहन तैयार हुए, किन्तु अब चुनौती थी मुख्य अभिनेत्री के सहमत होने की। भण्डारकर ने मुख्य किरदार के रूप में तब्बू के लिये फ़िल्म लिखी। जब भण्डारकर ने फ़िल्म पर काम करना प्रारंभ किया, वह सन् 2000 की अग्रणी सितारा थीं।

उनका एक ऐसे निर्देशक, जो शतरंज के मोहरे की भांति थे, के साथ काम करना चुनौतीपूर्ण था, जिनकी पहली फ़िल्म बिना किसी सुगबुगाहट के ही डूब गई।

'जब मैं तब्बू को कहानी सुना रहा था, मैं बहुत दबाव में था। जब मैंने आधी कहानी सुना दी, तब उन्होंने मुझसे कहा - 'रुक जाओ, मैं किरदार के रूप में स्वयं की कल्पना कर सकती हूँ' यह ऐसा था जैसे कि मेरे भीतर ज्वालामुखी का विस्फोट हो गया हो।'

भण्डारकर ने ठीक उसी तरह फ़िल्म बनायी जैसे वह चाहते थे।

उन्होंने अपनी अन्तःप्रेरणा, अनुभव, विचार एवं दृढ़ विश्वास को क़ायम रखा। फ़िल्म प्रदर्शन से पहले भण्डारकर ने सारी नकारात्मकता को स्वयं से दूर किया जो अन्य फ़िल्म निर्माताओं से उन्हें मिली थी। अन्य फ़िल्म निर्माता अक्सर उनकी फ़िल्म के शीर्षक पर टिप्पणी किया करते थे। उनकी पहली फ़िल्म की विफलता को करीब तीन साल हो गये थे और भण्डारकर से आशाएँ भी बहुत कम थीं।

'फ़िल्म के विशेष प्रदर्शन के दौरान – मैं हॉल में बैठा था और किसी ने भी मुझे पलटकर नहीं देखा। इंटरवल के दौरान, किसी ने भी फ़िल्म पर कोई प्रतिक्रिया नहीं दी। मैं आशंकित एवं भयभीत था, किन्तु जैसे ही फ़िल्म समाप्त हुई, हॉल में बैठे सभी लोगों ने खड़े होकर मुझे सम्मानित किया, मैं हतप्रभ था।'

भण्डारकर, जो अभी तक विफल फ़िल्म निर्माता थे, को सभी ने कुछ ही घण्टों में बॉलीवुड के चमकते हुए निर्देशक में परिवर्तित कर दिया। इन तीन घण्टों में सारे समीकरण ही बदल गये। लोगों को विश्वास ही नहीं हो रहा था, कि यह वही मधुर भण्डारकर हैं जिन्होंने *त्रिशक्ति* बनायी, और फिर *चांदनी बार* भी बनायी।

'वे लोग जो पहले मेरी तरफ़ देखते तक नहीं थे, उन्होंने मुझे बुलाना शुरू कर दिया। मैं फ़िल्म उद्योग का चहेता बन गया।'

'यदि *त्रिशक्ति* असफल नहीं हुई होती, तो मैं उसी ढर्रे पर चलता रहता और अतिशीघ्र निराशा के भाव से ग्रसित हो जाता। मैंने यह अनुभव किया कि सफलता और असफलता दोनों ही स्थायी नहीं हैं। जब मुझे राष्ट्रीय पुरस्कार प्राप्त हुआ, तब मैंने स्वयं को चिकोटी काट कर देखा, कि कहीं मैं स्वप्न तो नहीं देख रहा हूँ।'

मैं असफल क्यों रहा

- मैंने अपनी अन्तरात्मा की आवाज़ को नहीं सुना।
- मैंने लोगों को वह करने का मौका दिया जो वे मुझसे करवाना चाहते थे।

सलाह

- परिस्थितियों को स्वयं पर हावी न होने दें।
- आप वह काम करें जिससे आपको प्यार है। स्वर्ग में गुलाम बनकर रहने से बेहतर है नरक का राजा बनकर रहना।

'मैंने यह सीखा कि पेशेवर लोगों को राजनीतिक प्रभावों से प्रभावित नहीं होना चाहिए। 1982-83 बैंकों में राजनीतिक हस्तक्षेप का चरम समय था, किन्तु मेरे लिये यह सदमा पहुँचाने वाली बात थी।'

नारायणन वघुल

नारायणन वघुल – बैंकर, पद्‌म भूषण, भारत के आर्थिक शिल्पकारों में से एक। वे आई.सी.आई.सी.आई. बैंक को वित्तीय विकास संस्थान से भारत का दूसरा सबसे बड़ा बैंक बनाने में योगदान देने वाले मुख्य व्यक्ति रहे हैं। यह उनकी दूरदर्शिता और दृष्टि ही थी जिसने कई सपनों को पंख दिये। वे एक ऐसे दृष्टा रहे हैं, जिन्हें उन विचारों और अवधारणाओं को समझने के लिये जाना जाता है, जो दूसरे नहीं समझते। आई.सी.आई.सी.आई. बैंक के भूतपूर्व अध्यक्ष रह चुके वघुल, द स्टर्न स्कूल ऑफ़ बिज़नेस के विज़िटिंग प्रोफ़ेसर हैं। वे कई कंपनियों के बोर्ड में निदेशक के तौर पर भी अपनी सेवाएं देते हैं।

रूपरेखा के कारण विफल

रूपरेखा या विशेष योजना तैयार करने के बावजूद आपकी असफलता नये परिवर्तन के साथ कार्य करने हेतु प्रेरणास्त्रोत बन जाती है। इसका उद्देश्य ऊँचे लक्ष्य को प्राप्त करना एवं उत्कृष्टता हासिल करना होता है।

जब भारत के मौर्य साम्राज्य के तीसरे राजा अशोक ने कलिंग का युद्ध जीता, जो कि संसार के इतिहास में सर्वाधिक रक्तरंजित युद्ध था, तो उन्होंने इस सफलता को दुखदायी पराजय के रूप में देखा, जिसने उन्हें बौद्ध धर्म की ओर प्रेरित किया। बाद में अशोक के जीवन में बौद्ध दर्शन सर्वाधिक प्रभावशील रहा एवं उनके शासनकाल में सर्वाधिक वैभवपूर्ण एवं शांति की शुरुआत का अध्याय प्रारंभ करने का कारण बना। 'सैकड़ों हज़ारों राजाओं के इतिहास के पन्नों में... अशोक का नाम चमकता है और एक सितारे की तरह अकेला ही चमकता है।' ऐसा ब्रिटिश इतिहासकार एच.जी. वेल्स ने अशोक के बारे में लिखा है।

जब अशोक ने कलिंग का युद्ध जीता, उन्होंने अपनी असफलता का खाका खींच लिया था, जिसने उन्हें एक ऊँचे उद्देश्य की प्राप्ति हेतु आगे बढ़ाया। मृत्यु एवं विनाश, बहता हुआ ख़ून, अपने ही लोगों को हरा देने की भावना ने सब कुछ छोड़कर स्वयं में कुछ सुधार लाने की ओर प्रेरित किया, जिसकी वजह से ही बाद में उन्हें महान सम्राट अशोक की उपाधि प्राप्त हुई।

बहुत तेज़ एवं असाधारण मस्तिष्क वाले व्यक्तियों द्वारा विभिन्न कारणों से असफलता की रूपरेखा को अपनाया गया। नारायणन वघुल, वित्तीय दृष्टा, जिनका भारत में वित्तीय संस्थाओं के निर्माण में बहुत बड़ा हाथ है और निरंतर जारी है, ने भी अपनी असफलता की रूपरेखा तैयार की जब उन्होंने बैंक ऑफ़ इंडिया के अध्यक्ष पद, जो शक्ति एवं अधिकार से परिपूर्ण था, से इस्तीफा दे दिया। वघुल को 1981 में अध्यक्ष के पद पर नियुक्त किया गया था। कई लोग अस्सी के दशक को भारत के लिये अंधकारमय दशक के रूप में देखते हैं।

धीमा एवं पीड़ादायी विकास, उद्यमिता पर कठोर नियंत्रण और केन्द्र में असुरक्षित राजनीतिक नेतृत्व के कारण ही असुरक्षा बढ़ रही थी। इंदिरा का वह भारत, जो राजनीतिक उथल पुथल से भरा, आर्थिक रूप से ग़रीब (अस्सी के दशक में भारत का विकास दर 3.5 प्रतिशत रहा) एवं बहुत हद तक समाजवादी था।

कुछ अपवादों को छोड़कर लगभग प्रत्येक उद्योग कठोर सरकारी नियंत्रण में थे, जिसमें बैंकिंग भी सम्मिलित थी। अध्यक्ष के रूप में वघुल को उस समय जब प्राइवेट और पब्लिक, दोनों उपक्रमों में सरकारी हस्तक्षेप चरम पर था, निर्भीक एवं निडर रहकर काम करना था एवं स्वतंत्र होकर निर्णय लेना था।

बैंक का अध्यक्ष होने की वजह से एक ताक़त इस पद के साथ जुड़ी थी। 'मैं केवल चवालीस वर्ष का था, मुझ जैसे व्यक्ति के लिये बैंक ऑफ़ इंडिया के अध्यक्ष पद पर नियुक्ति आश्चर्यजनक एवं ग़ैर कानूनी तरीक़े से सत्ता हस्तांतरित करने के समान थी।' वघुल कहते हैं कि प्रत्येक व्यक्ति उनसे यह अपेक्षा रख रहा था कि वह अगले सोलह वर्षों तक अध्यक्ष के पद पर क़ायम रहें। भारत के पब्लिक सेक्टर बैंक में वह सबसे कम उम्र के अध्यक्ष थे।

किन्तु एन. वघुल कहते हैं कि राजनीतिक हस्तक्षेप से स्वायत्तता का पालन करने के बीच संतुलन बैठा पाने में वह असाधारण रूप से असफल हो गये। उनसे उनकी व्यवस्था बनाए रखने, आदेश लेने और समझौते करने की पेशेवर क्षमता से कहीं अधिक अपेक्षाएं थीं। वघुल को अनेक लोगों एवं उनकी राजनीतिक उपेक्षाओं के साथ काम करना था।

बैंक सरकारी स्वामित्व वाली संस्था थी और वघुल के सिद्धांत उन्हें यह अनुमति नहीं दे रहे थे कि राजनीतिक प्रभाव के चलते महत्त्वपूर्ण निर्णय लिये जाएँ। उनके पास बैंक के विकास के लिए नये विचार और कल्पनाशीलता थी। बैंक के कार्यों में राजनीतिक हस्तक्षेप से वह निराश हो गये एवं उन्होंने उसे छोड़ने का निश्चय किया। वह स्वयं की एवं दूसरों की अपेक्षाओं के बीच संतुलन बैठाने में असफल हो गये। वह इतने निराश हो चुके थे कि उन्होंने अपनी प्रेरणा एवं सोच को बाहरी प्रभावों के द्वारा

अपने ऊपर हावी होने दिया।

'पीछे मुड़कर देखने पर, मैं नहीं सोचता कि मैं बैंक ऑफ़ इंडिया के ऊपर राजनीतिक प्रभाव को चुनौती के रूप में आत्मसात करने की स्थिति में था,' वह दुःख के साथ कहते हैं।

वघुल ने जब अपने ऊँचे पद से त्यागपत्र दिया था, तब संभवतः बहुत सारे लोगों द्वारा उन्हें असफल समझा गया होगा, पर वघुल के लिये एक पेशेवर के रूप में यह वास्तविक सफलता थी।

प्रायः, ऐसा माना जाता है कि व्यवसाय में असफलता सही समय पर उचित निर्णय न ले पाने की वजह से होती है। वघुल के लिये पद छोड़ देना एक कठिन निर्णय था, पर वह जानते थे कि यह सही समय था और पद त्यागने के उनके कारणों से कोई समझौता नहीं किया जा सकता था।

'मैंने यह सीखा कि पेशेवर लोगों को राजनीतिक प्रभावों से प्रभावित नहीं होना चाहिए। 1982-83 बैंकों में राजनीतिक हस्तक्षेप का चरम समय था, किन्तु मेरे लिये यह सदमा पहुँचाने वाली बात थी।'

बैंक ऑफ़ इंडिया में अध्यक्ष पद पर नियुक्ति से पहले, वघुल सेन्ट्रल बैंक ऑफ़ इंडिया में कार्यरत थे। यद्यपि कि वह बैंक प्रमुख नहीं थे, इसलिये वे राजनीतिक दबावों एवं उसके साथ आने वाली चुनौतियों से अनजान थे।

क़दम पीछे हटाये

1983 में वघुल ने बैंक छोड़ने का निश्चय किया। 'सैंतालीस वर्ष की आयु में मैंने इसे छोड़ दिया, और सेवानिवृत्त हो चेन्नई चला गया।' जिस आयु में अधिकांश पेशेवर अपनी आजीविका या पेशे में सर्वोच्च स्थान पर पहुँचते हैं, वघुल ने सेवानिवृत्ति - जैसा जीवन चुना। यह एक ग़ैर पारंपरिक एवं कठिन निर्णय था। तमाम शक्तियों से भरे जीवन से निकलकर गुमनामी का जीवन व्यतीत करना, निश्चित ही साधारण बात नहीं थी। लेकिन वघुल के लिये, यह निर्णय अटल था।

उन्होंने रिज़र्व बैंक ऑफ़ इंडिया के गवर्नर, तत्कालीन प्रधानमंत्री मनमोहन सिंह के साथ हुई बातचीत को याद किया : 'मैंने उन्हें बताया कि

दो तरह के व्यक्ति ही अध्यक्ष पद पर आसीन हो सकते हैं, एक वह जो ताक़त पाने के लिये लालायित रहते हैं और एक वह जो दौलत के लिये लालायित रहते हैं। और मैं उन दोनों में से कोई नहीं था।'

वघुल स्वयं को 'एक सीमित महत्त्वाकांक्षा वाले व्यक्ति' के रूप में देखते हैं। दो लाख रुपयों की बचत के साथ वह अपनी पत्नी के साथ चेन्नई में रहने लगे। उन्होंने बैंकिंग की दुनिया से दूर, *'हिन्दू'* के लिये लेखक के रूप में दो बेडरूम वाले अपार्टमेंट में एक बार फिर शुरुआत की।

'इससे पहले मैंने कभी नहीं लिखा था, इस लिखावट के कार्य से मुझे 3000 रुपये महीने मिलने लगे और यही मेरी आय थी।'

वघुल का, विचारों, उद्यमिता एवं वित्त के प्रति जुनून उन्हें बैंकिंग की ओर वापस खींच लाया। इंदिरा गाँधी की हत्या के बाद युवा एवं प्रतिभाशाली राजीव गाँधी को प्रधानमंत्री पद के लिये चुना गया, जिन्होंने उन्हें आश्वासन दिया कि शिष्टता एवं सरलता से राजनीतिक दबाव को प्रभावहीन कर दिया जायेगा।

वह कहते हैं कि 'राजीव गाँधी ने ताज़ी हवा का संचार किया।'

वघुल लगभग पचास के हो चले थे जब वह अपनी आजीविका को परिभाषित कर देने वाले समय को प्रारंभ करने जा रहे थे, और इसी नज़रिये ने उन्हें स्वप्नदृष्टा, नये विचारों वाला एवं सुधारवादी के रूप में अंकित किया।

1985 में, वघुल को भारत के इंडस्ट्रियल क्रेडिट ऐंड इन्वेस्टमेंट कॉर्पोरेशन के अध्यक्ष पद पर नियुक्त किया गया, जो कि अब आई.सी. आई.सी.आई. बैंक के नाम से जानी जाती है। वघुल ने छोटे आकार वाले आई.सी.आई.सी.आई. बैंक को भारत के दूसरे सबसे बड़े बैंक के रूप में स्थापित किया।

वघुल उन विचारों को समझने थे जो दूसरों को उनके समय से बहुत आगे लगते थे। उन्होंने छोटे व्यवसायों के लिये ऋण वितरित किया, नई अवधारणाओं पर दाँव लगाया कि सारे छोटे व्यवसाय मिलकर एक विशाल व्यापारिक निगम बनेंगे और विश्व के मानचित्र पर भारत को स्थापित करने में महत्त्वपूर्ण भूमिका अदा करेंगे। भारत की सबसे बड़ी जैव

तकनीकी (बायोटेक्नोलॉजी) कंपनी, बायोकॉन, एक ऐसी कंपनी थी, जिसने अपनी प्रारंभिक राशि आई.सी.आई.सी.आई. से ही प्राप्त की। वघुल ने बायोकॉन में अपना विश्वास उस समय दिखाया जब कि इसकी संस्थापक, किरण मजूमदार-शॉ को विभिन्न बैंको द्वारा अस्वीकृत कर दिया गया था।

उन्होंने भारत में 1987 में पहली उपक्रम पूंजी कंपनी (आई.सी.आई. सी.आई. वेन्चर) प्रारंभ की और सी.आर.आई.एस.आई.एल. की स्थापना करके भारत में पहली बार क्रेडिट रेटिंग की अवधारणा को शुरू किया, जिसके कारण यूनिवर्सल बैंकिंग मॉडल की स्थापना हो पायी, जो विभिन्न ग्राहकों की बैंकिंग आवश्यकताओं की पूर्ति करती है। उन्हें भारतीय वाणिज्य एवं उद्योग में योगदान हेतु भारत के राष्ट्रपति से पद्म भूषण प्राप्त हुआ।

किसी चीज़ से कब दूर होना है, यह संभवतः किसी भी पेशेवर, राजनीतिज्ञ या उद्यमी के जीवन के कठिनतम निर्णयों में से एक होता है। जब आप निर्णय लेते हैं तो आप जानते हैं कि आप ऐसा क्यों कर रहे हैं - या तो स्वयं को पुनः खोजने के लिये या सिद्धांतों की लड़ाई के लिये या फिर अपने उद्देश्यों की पूर्ति के लिये। अक्सर यह समय आत्म-परीक्षम, आत्म-मूल्यांकन और बहुत कुछ सीखने का होता है।

वघुल ने आई.सी.आई.सी.आई के साथ पच्चीस वर्ष व्यतीत किये। उन्होंने एक संस्था बनायी, उसमें सर्वोत्तम लोगों को शामिल किया और संस्था के लिये एक भविष्यदृष्टि रखी। यह रास्ता उतना आसान नहीं था - संचालन संबंधी चुनौतियों के अतिरिक्त, वघुल ने सर्वोच्च राजनीतिक आकाओं के दबाव का भी सामना किया। किन्तु इस बार, वघुल मज़बूत एवं दृढ़ बनकर लौटे थे।

'आई.सी.आई.सी.आई. में मैंने दबाव अनुभव किया, किन्तु मैंने हार न मानने का निश्चय किया।'

भारत के प्रधानमंत्री की ओर से दबाव डालने हेतु धमकी भरे फ़ोन आते थे ताकि वघुल वह निर्णय लें जो वे नहीं लेना चाहते थे।

आई.सी.आई.सी.आई. को खड़ा करने में जिन दबावों एवं खींचतान का सामना उन्होंने किया, उन्हें याद करते हुए वह कहते हैं कि 'मैंने ऐसी

रूखी और घटिया बातें पहले कभी नहीं सुनी थीं।'

वघुल एक किस्सा याद करते हैं जब एक मंत्री उनसे वह चाह रहे थे जो वघुल को मंज़ूर नहीं नहीं था। जैसे ही वघुल ने प्रतिरोध किया, उन्हें इसके गंभीर परिणामों, जिनमें जेल भी शामिल थी, के लिये धमकाया गया। लेकिन वघुल अटल थे कि वह न तो कोई समझौता करेंगे और न ही पीछे हटेंगे। अपनी मान्यताओं में दृढ़ विश्वास रखते हुए, उन्होंने साहस और सफलता के साथ दबाव का सामना किया।

'मैंने उन्हें कह दिया, कि मैं यह नहीं करूंगा।'

उनका स्वयं में, अपने विश्वास में एवं स्वप्न में दृढ़ विश्वास था, जिसने उन्हें धैर्य एवं भरोसा दिया, जिसके फलस्वरुप वह निरन्तर अपना कार्य कर सके।

एक समय था जब वघुल को पूरी तरह से एक कोने में धकेल दिया जाता था। ऐसा कोई भी व्यक्ति नहीं था जिसके पास वह क्षतिपूर्ति के लिये जा सकते। यह एक युद्ध था, जो उन्हें अकेले ही लड़ना था।

वघुल उन बातों को याद करते हैं जब मंत्रियों द्वारा यह कहा जा रहा था कि केवल प्रधानमंत्री के पक्ष में बात करो और किसी के नहीं। यह प्रधानमंत्री ही थे जिन्होंने वघुल को सुनने के बाद उन्हें सलाह दी कि 'क्या तुम ऐसा नहीं कर सकते?।'

वघुल के लिये यह चुनौतीपूर्ण पल था, किन्तु उन्होंने हार नहीं मानी - उन्होंने विनम्रतापूर्वक एवं सहज भाव से वह सब कुछ दोहराया जो उन्होंने पहले मंत्री जी से कहा था, कि 'वह यह नहीं कर सकते।'

बातचीत के बाद, वघुल को न तो प्रधानमंत्री ने और न ही उस मामले से संबंधित मंत्री ने कोई बात कही।

जब नैतिकता या सिद्धांतों की बात आती है, वघुल कभी समझौता नहीं करते। वह वर्तमान में महिन्द्रा एवं महिन्द्रा, आर्सेलर मित्तल, विप्रो लिमिटेड के बोर्ड में शामिल हैं, इसके अतिरिक्त विभिन्न व्यापारिक लीडरों, उद्यमियों एवं कंपनियों के सलाहकार भी हैं।

मैं असफल क्यों रहा

- मैं कभी भी अपनी और दूसरों की अपेक्षाओं के बीच संतुलन स्थापित नहीं कर सका।
- मैं ऊँचे पद पर काम करने के दौरान आने वाले राजनीतिक दबावों को संभाल नहीं सका।

सलाह

- जब संदेह की स्थिति हो तो थोड़ा ठहर कर अपनी प्राथमिकताओं का पुर्नमूल्यांकन करो।
- याद रखो, आपको दूसरों का अनुसरण नहीं करना है।
- स्वयं को फ़ौलाद बनाओ।
- पैसा महत्त्वपूर्ण है। लेकिन सामाजिक उद्देश्यों की पूर्ति को ध्यान में रखकर आप बेहतर प्रदर्शन कर पाएँगे।
- दीर्घकालीन लक्ष्यों पर अपनी दृष्टि हमेशा जमाए रखें।
- नैतिकता के साथ कभी समझौता न करें।

‘दो तरह की असफलताएँ होती हैं :
मानी गई एवं वास्तविक।’

किरण मजूमदार-शॉ

किरण मजूमदार-शॉ भारतीय कॉर्पोरेट जगत में एक अलग ही चमक रखती हैं। भारत की पहली एवं सबसे बड़ी बायोटेक्नोलॉजी कंपनी, बायोकॉन लिमिटेड की संस्थापक किरण एक अग्रणी उद्यमी रही हैं, क्योंकि उन्होंने अपने भाग्य की रूपरेखा ख़ुद तय की और करोड़ों डॉलर के समूह का निर्माण किया। प्रतिष्ठित पद्म भूषण एवं पदम श्री पुरस्कार की विजेता मजूमदार-शॉ लगातार महिलाओं एवं पुरुषों को प्रेरित करती रही हैं, कि वे अपने सुविधा-क्षेत्र से बाहर आयें और चारदीवारियों को तोड़ें।

परंपरागत तरीकों को भूल जायें

'परंपरागत तरीक़ो को भूल जाइये, भूल जाइये कि लोग आपके आगे बढ़ने के बारे में क्या कहते हैं, अपने सर्वश्रेष्ठ विचारों का ध्यान करें, अपने सबसे अच्छे शब्द बोलें, अपने सबसे अच्छे कार्यों को करें, अपने अंतरमन की सहमति लेकर चलें। मैंने इतिहास लिखा नहीं बल्कि रचा है। विफलता असंभव है।' यह अटल सलाह सूज़न ऐन्थनी की दी हुई है, जो अठारहवीं शताब्दी की एक प्रमुख जन अधिकारों की समर्थक रही हैं, जिन्होंने महिला मताधिकार आन्दोलन का नेतृत्व किया था। यह सलाह जितनी आकर्षक है, इसको अपनाना सारी दुनिया की औरतों के लिये उतना ही चुनौतीपूर्ण रहा है।

आज भी, जब हम इक्कीसवीं शताब्दी में चल रहे हैं, ऐन्थनी के शब्द प्रासंगिक लगते हैं। महिलाओं के स्वयं के बहुत अच्छा कर पाने की क्षमता के बावजूद भी स्वयं को पीछे रखने के कई कारण हैं - अक्सर यह समाज और संस्कृति द्वारा उनकी सीमा-रेखाएँ परिभाषित कर देने के कारण होता है।

सांस्कृतिक रूप से महिलाओं की स्वयं को पीछे रखने की प्रवृत्ति के कारण वे विफलता के लिये तैयार रहती हैं। इस परिप्रेक्ष्य में विफलता के अलग मायने होते हैं।

महिलाएँ स्वयं को अपने जुनून की अपेक्षा आसान विकल्प अपनाने के कारण विफल करती हैं या फिर वे बने बनाये ढांचे को अपनाने का प्रयास करती हैं। दूर भागने या प्रयास करने से पहले ही हार मानने की प्रवृत्ति महिलाओं के द्वारा किये जाने वाले चुनाव में भी झलकती है, और यही बात वे जो बनना चाहती हैं, उसे भी प्रभावित करती है।

पर सूज़न ऐन्थनी ने ठीक ही कहा है, इतिहास भी उन्हीं के द्वारा बनाया जाता है, जो अन्तरात्मा की आवाज़ सुनते हैं। किरण मजूमदार-शॉ ने भी यही किया।

भारत की प्रथम और सबसे बड़ी बायोटेक्नोलॉजी कंपनी की संस्थापक, उन्होंने सारी परंपरागत बातों को झुठलाया और सर्वश्रेष्ठ सोचा और सर्वश्रेष्ठ किया। उन्होंने सिर्फ़ अपने अन्तरमन की बात मानी। मजूमदार-शॉ ने अपनी उद्यमिता की साहसिक यात्रा तब प्रारंभ की जब भारत में शायद ही कोई महिला उद्यमी थीं। यहाँ तक कि जो महिला उद्यमी उस समय थीं उन्हें अपने पति या परिवार द्वारा समर्थन प्राप्त था। और मजूमदार-शॉ उनमें से थी, जिन्होंने अकेले ही शुरुआत की। उन्होंने अपने आप को किसी साँचे से बाहर रखने के सभी प्रयास किये और इस तरह वह भारतीय कॉर्पोरेट जगत में एक इतिहास बना पायीं।

आश्चर्यजनक रूप से, अपने प्रत्येक चुनाव के साथ उन्होंने स्वयं को असफलता के लिये तैयार रखा। उन्होंने शराब बनाने की ट्रेनिंग ली थी, परन्तु वह नौकरी पाने में असफल रहीं। उस समय एक महिला का शराब निर्माता होना लगभग असंभव था। और वह पहली थीं।

यह सत्तर के दशक का भारत था, जो बेल बॉटम, पॉलिस्टर शर्ट और सीमित परिकल्पनाओं का युग था। यह वह दशक था जब भारत की सामाजिक नीतियाँ उफ़ान पर थीं क्योंकि बैंकों का राष्ट्रीयकरण हुआ था और शाही राजघराने समाप्त कर दिये गये थे। उस समय केवल तीन व्यवसायों की बात होती थी - चिकित्सा, इंजीनियरिंग या वित्त। इन तीनों पर ही मुख्यतः पुरुषों का अधिकार था। उद्यमिता अत्यधिक नियंत्रण के कारण घुटन भरी थी और वह भी मुख्यतः पुरुषों के प्रभुत्व में थी। यह वह समय था जब अधिकांश महिलाएँ परंपराओं का निर्वहन करते हुए युवावस्था में शादी करना और गृहणी बनना ही पसंद करती थीं।

मजूमदार-शॉ कहती हैं, मेरी सभी मित्रों की शादी या तो हो चुकी थी या होने वाली थी। पर वह लगातार, बिना थके बैंगलोर (बंगलुरू) में शराब निर्माता की नौकरी पाने के लिये प्रयास कर रही थीं। पर किसी ने उनको काम पर रखना उचित नहीं समझा। वे एक कंपनी से दूसरी कंपनी में जाती रहीं और लिंग भेद का सामना करती रहीं, अपनी योग्यता सिद्ध करने के बजाय, इस पेशे को अपनाने का स्पष्टीकरण देती रहीं। एक महिला शराब विशेषज्ञ कैसे हो सकती है - सभी उनसे पूछते थे।

चूंकि कोई किसी महिला को शराब विशेषज्ञ के तौर पर नहीं अपनाना चाहता था, उसी समय बैंगलोर में किराये के गैराज में भारत की सबसे बड़ी जैव तकनीक कंपनी बायोकॉन का जन्म हुआ। एक नौकरी प्राप्त नहीं कर पाना उनकी प्रथम विफलता थी, जो एक बहुत छोटा अनुभव था, जिसने उनकी ज़िंदगी को कई अर्थों में प्रभावित किया। वह जुनूनी थीं, अपनी ताक़त पहचानती थीं, महत्त्वाकांक्षी थीं और साहसी थीं। वह अस्वीकृत होने पर हारी नहीं बल्कि पुनः संघर्ष किया। उन्होंने शराब विशेषज्ञ की नौकरी नहीं मिल पाने के बाद जो काम किया वह यह था कि उन्होंने अपने आपको पराजित नहीं माना। उन्होंने कभी अपनी क्षमताओं पर प्रश्न चिन्ह नहीं लगाया बल्कि उन्होंने एन्ज़ाइम्स के साथ काम करने की अपनी ज़िद को जारी रखा और अपने ज्ञान का स्वयं के लिये मौक़े तैयार करने में उपयोग किया।

'आपको वास्तविक विफलता और गई विफलता में अन्तर करना आना चाहिए ताकि आप अपनी नीतियों का निर्धारण कर सकें,' वह कहती हैं।

हार के प्रति इस तरीक़े की बारीक और विश्लेषणात्मक सोच केवल उस व्यक्ति की हो सकती है जिसके पास विफल होने पर पुनः संघर्ष करने और पुनः विफल होने का साहस हो।

मजूमदार-शॉ का एन्ज़ाइम क्षेत्र में कार्य करने का चुनाव और उद्यमी बनने का रास्ता हतोत्साहित करने वाली चुनौतियों से भरा पड़ा था। वह हर विफलता के साथ और मज़बूत होकर उभरीं। मजूमदार-शॉ ने फ़ोर्ब्स एशिया की सबसे शक्तिशाली पचास महिलाओं की सूची में जगह बनायी। उन्हें भारत सरकार द्वारा पद्म श्री एवं पद्म विभूषण जैसे पुरस्कारों से नवाज़ा गया।

उन्होंने यह सब कैसे किया? उन्होंने ज़बरदस्त शक्ति, साहस, संघर्ष, क्षमता और आत्म-विश्वास दिखाया और हर विफलता के बाद स्वयं को याद दिलाया कि पीछे हटना उनके लिये कभी विकल्प नहीं रहा। वे हमेशा निराशा एवं थकान को झटक कर आगे बढ़ती गयीं।

असफलता अंतिम पड़ाव नहीं, मान लेना ही अंतिम पड़ाव है -

शराब विशेषज्ञ की बेटी और वह भी बिना नौकरी के, अपना उद्योग स्थापित करने के लिये पैसे जमा कर रही थी, जो आसान नहीं था। मजूमदार-शॉ उससे लड़ने के लिये तैयार थीं - वह जानती थीं, कि हर क़दम पर उन्हें प्रतिरोध को रोकना होगा।

मजूमदार-शॉ इस क्षेत्र में एक ऐसे व्यापार का निर्माण करने का प्रयास कर रहीं थीं जो कि भारत में नया था, और वास्तविकता यह थी कि वह एक महिला थीं, और पारिवारिक दौलत भी नहीं थी, जिस पर वे निर्भर रह सकतीं। उस समय वह पच्चीस वर्ष की थीं।

अपना उद्यम स्थापित करने के लिये बैंक से पैसा लेना लगभग असंभव था। बैंक चाहते थे कि उनके पिता गारंटी दे। और किरण सैद्धांतिक रूप से असहमत थीं। महिला उद्यमी होने के कारण भी उन्हें नुकसान उठाना पड़ा। किन्तु चुनौतियाँ एवं असफलताएँ उन्हें दस हज़ार रुपये की राशि (जो आज के लगभग चार लाख रुपये के बराबर है) के साथ अपना कार्यालय स्थापित करने से नहीं रोक सके।

'असफलता के बहुत सारे उदाहरण हैं। अपनी साख बनाने के लिये बाधाओं को पार करना था। मैं वित्तीय सहायता प्राप्त करने में असफल रही। मैं जिन लोगों को नियुक्ति देना चाहती थी, उन्हें नियुक्त करने में असफल रही।' अपने उद्यमी जीवन के प्रारंभिक पन्द्रह सालों को याद करते हुए मजूमदार-शॉ कहती हैं, कि 'वह पन्द्रह साल अस्तित्व में बने रहने के दिन थे।'

बायोकॉन लिमिटेड 1978 में एक आयरिश बायोटेक्नोलॉजी कंपनी बायोकॉन बायोकेमिकल्स की भागीदारी के साथ प्रभाव में आयी। इस आयरिश बायोकेमिकल्स कंपनी की स्थापना आयरिश उद्यमी लेज़ली ऑकिनक्लॉस के द्वारा की गयी थी। कंपनी मादक पेय पदार्थों, क़ाग़ज एवं अन्य उत्पादनों के लिये रसायनों का उत्पादन करती थी। विकास धीमा था, अग्रणी के रूप में मजूमदार-शॉ ने प्रतिरोध एवं सभी अर्थों में भेदभाव का सामना किया - कर्मचारी किसी महिला के लिये काम नहीं करना चाहते

थे और निवेशक भी महिला द्वारा संचालित कंपनी में निवेश करने को लेकर आशंकित थे।

लेकिन मजूमदार-शॉ ने कठिनाईयों के बाद भी अपना काम जारी रखा। कंपनी ने लाभ अर्जित करना शुरू कर दिया और लगभग एक दशक के बाद, ऑकिनक्लॉस ने अपनी बायोकॉन में रही भागीदारी (शेयर) यूनीलीवर को बेच दी।

यद्यपि, उनकी यात्रा की चुनौतियाँ बहुतों के लिये दुर्गम थी, शॉ अपने रास्ते की कठिनाईयों को ठीक उसी तरह काटतीं गयीं जैसे एक चिकित्सक शल्य-चिकित्सा में सफ़ाई से काट-छाँट करता है। वह कहतीं है - 'आपको यह समझाना चाहिए कि आप असफल क्यों हो रहे है? आप असफल हो रहे है क्योंकि आपकी ख्याति या साख ख़तरे में हैं। लोगों का आप पर विश्वास बनाने के लिये आपको अपनी साख निर्मित करनी होगी।'

मजूमदार-शॉ ने अपनी साख निर्मित करने के लिये कंपनी की नींव से जुड़ना शुरू किया और उन्होंने बड़े-बड़े सपने देखने शुरू किये। उन्हें अपनी योग्यता एवं लक्ष्य की ताक़त समझ आ गयी थी। वह एक वैश्विक कंपनी का निर्माण करना चाहती थीं और इसके लिये उन्हें रसायनों के अलावा और भी कुछ करना था। नब्बे के दशक में व्यापार का केन्द्र रसायन से बदल कर जैव औषधि (बायोफ़ार्मास्युटिकल्स) पर आधारित हो गया। उन्होंने रसायनों के उस व्यापार को बेच दिया जिसे बनाने में उन्हें पन्द्रह साल लगे थे, और औषधि निर्माण (जैव) के व्यापार में अपनी पूरी ताक़त लगा दी।

'यहाँ मैं अपनी बायोटेक्नोलॉजी फ़र्म को बढ़ाने का प्रयास कर रही थी और मेरा पहला बैच फ़ैल हो गया। हमने जाँच की कि हम असफल क्यों हुए। वह कहतीं हैं कि हमने असफलता की पूरी प्रक्रिया को पहचाना।'

मजूमदार-शॉ ने असफलता को पार किया और उसे अपने मन में नहीं बैठाया, जैसा कि अधिकांश महिलाओं के व्यक्तित्व की विशेषता होती है और वे स्वयं को दोषी मानती हैं।

कुछ सालों बाद, मजूमदार-शॉ पुनः असफल हो गयीं, इस बार

उनका सपना था एक ऐसी परियोजना तैयार करना, जिसमें इन्सुलिन मुँह से दी जा सके। क्लीनिकल अध्ययन में यह दवाई इच्छित परिणाम देने में असफल रही। इससे ग्लूकोज़ का स्तर को अपेक्षित स्तर तक नीचे आ गया, लेकिन टाइप 2 के मधुमेह के रोगी में हीमोग्लोबिन की जितनी मात्रा होनी चाहिए, उतनी कम करने में असफल रही। यह नतीजा अंतिम परीक्षणों में सामने आया।

वह दुःखी होकर कहती हैं 'वह निराशा भरा समय था, मैंने यह औषधि बहुत आशाओं के साथ बनायी थी।'

मौखिक इन्सुलिन दवा का निर्माण एक भारतीय जैव औषधि निर्माण कंपनी द्वारा किया जाना एक बेहतरीन प्रयास था। यह अत्यधिक विस्मयकारी एवं बहुत सारी अपेक्षाओं से घिरा था।

परन्तु अपेक्षाओं की ऊँचाई ने मजूमदार-शॉ की आत्मा को बौना नहीं बनने दिया। एक बार फिर, उन्होंने यह विश्लेषण किया, कि क्या ग़लत हुआ और वह कैसे और अच्छा कर सकती हैं।

संपूर्ण विश्लेषण ने अध्ययन की रूपरेखा बनाने में एक गति प्रदान की। वह कहती हैं 'अपनी असफलता को लेकर हमें व्यावहारिक होना चाहिए। यदि हम कुछ छोड़ना चाहते है, तो उसे छोड़ देना चाहिए। और उस व्यक्ति को ऐसा करने के लिये तैयार रहना चाहिए।'

मजूमदार-शॉ ने अपना व्यापार, जिसे बनाने में उन्हें पन्द्रह साल लगे, पहले ही बेच दिया था। 'जब मैंने अपना रसायन का व्यापार बेचा, मैंने उसे वह सब कुछ दिया जो मैं दे सकती थी और मैंने इसका बहुत अच्छा मूल्य प्राप्त किया।'

मजूमदार-शॉ एक बार फिर चलने के लिये तैयार थीं। मुँह से इन्सुलिन लेने वाली दवा की असफलता का विश्लेषण यह दिखाता है, कि चिकित्सकीय परीक्षण की रूपरेखा ग़लत थी। उत्पादक असरकारक था, किन्तु अध्ययन के परिणाम अपेक्षाओं पर खरे नहीं उतरे, कारण था अध्ययन में दोष का होना। बायोकॉन ने अलग तरीक़े से अध्ययन की रूपरेखा के साथ कार्यक्रम को निरंतर ज़ारी रखने का निश्चय किया।

लगभग एक वर्ष बाद, मार्च 2012 में मज़ूमदार-शॉ का सामना एक और रुकावट से हुआ। बायोकॉन के ग्लोबल पार्टनर फ़ाइज़र और बायोकॉन ने अलग होने का निर्णय लिया।

इस सौदे की बहुत चर्चा रही, जिसमें बायोकॉन को इन्सुलिन की जैव समानता के उत्पादन का विकास करना था और फ़ाइज़र वैश्विक बाज़ार में उत्पादन का बाज़ार में प्रचार/वितरण करने वाला था।

अलगाव की घोषणा के कुछ मिनटों बाद ही मज़ूमदार-शॉ ने कहाँ था, 'बायोकॉन हमेशा से ही अपनी बायोसिमिलर इन्सुलिन को दुनिया भर के विकासशील एवं विकसित देशों के वैश्विक बाज़ार मे मधुमेह रोगियों की ज़िन्दगी में बदलाव लाने के लिये बाँटने हेतु वचनबद्ध रहा है। बायोकॉन अपने वर्तमान भागीदारों के साथ विभिन्न बाज़ारों में काम करता रहेगा और अपनी एक नयी व्यावसायिक योजना तैयार करेगा तथा दूसरे बाज़ारों में नये समझौतों या संधियों के साथ नयी योजनाओं के साथ काम करेगा।'

मज़ूमदार-शॉ ने फ़ाइज़र के साथ अलगाव को अनुभवजनित असफलता की श्रेणी में रखा। मज़ूमदार-शॉ के लिये सौदे का टूटना केवल तार्किक दृष्टिकोण के कारण था, जबकि विश्लेषकों एवं संचार माध्यमों के लिये यह एक असफलता थी। मज़ूमदार-शॉ अपनी भागीदारी को आगे बढ़ाने के संदर्भ में बातचीत करने में असफल रहीं। 'फ़ाइज़र हमसे चाहता था कि हम सौदे के संबंध में पुनः बातचीत करें। मैं ऐसा करने के लिए तैयार नहीं थी। हमारे लिए यह अलगाव बहुत जल्दी हो गया था। वह कहती हैं।

फ़ाइज़र ने अपनी व्यापार-नीति में परिवर्तन किया था और बायोकॉन उससे सहमत नहीं थी। मज़ूमदार-शॉ ने स्थिति के बदलने की प्रतीक्षा नहीं की, और एक वर्ष से कम समय में बायोकॉन ने फ़रवरी 2013 में मायलन के साथ समझौता किया जिसके अंतर्गत बायोसिमिलर इन्सुलिन उत्पाद का सह-उत्पादन एवं मार्केटिंग करना शामिल था।

वे कहती हैं, 'हमें किसी भी हाल में बहुत सारे कार्यक्रमों का विस्तार करना था। हमें यह स्वयं करना चाहिए, मुझे विश्वास है कि उत्पाद के व्यवसायीकरण के अन्य रास्ते भी होंगे।'

मैं असफल क्यों रही

- मेरे प्रारंभिक वर्षों में, मैं अपना स्वप्न दूसरों को नहीं दिखा पायी।
- अपने काम के शुरुआती दिनों में मैं बेहतर योग्यता वाले व्यक्तियों को अपने साथ शामिल करने में असफल रही।
- फ़ाइज़र के साथ सौदे की समाप्ति मान ली गयी असफलता थी। हम मिलकर एक दिशा में नहीं देख रहे थे।

सलाह

- मानी गई एवं वास्तविक असफलता के बीच हमेशा अंतर रखो।
- असफलता छोड़ो और योजना तैयार करो।
- असफलता को व्यक्तिगत तौर पर मत लो।
- जब कभी भी आप असफल होते हैं, तो बिल्कुल टूट जाने वाली प्रतिक्रिया न दें।
- असफलता से निपटना सीखें : हर क़दम हमें सीख देता है।

'आशावाद ने मुझे कठिनाईयों में डाला भी और निकाला भी।'

गोरुर रामास्वामी
अयंगर गोपीनाथ
(कैप्टन गोपीनाथ)

कैप्टन गोपीनाथ ने भारत की पहली सस्ती हवाई सेवा – एयर डेकन के ज़रिए भारत के मध्यम वर्ग को पंख दे दिये। वे अपनी सफलता और भविष्यदृष्टि के लिए भी उतने ही जाने जाते हैं जितने असफलता के लिये। भारतीय सेना से सेवानिवृत्त, कैप्टन गोपीनाथ, एक उद्यमी, लेखक और राजनीतिज्ञ रहे। उनकी कहानी अथक ऊर्जा, जुनून एवं जोखिम भरे कार्यों की है।

क्या हम उड़ना सीख सकते हैं?

शायद नहीं। हम अवश्य ही अलंकारिक भाषा में बोल रहे हैं। हमें उड़ने के योग्य होने के लिये किसी विशेष प्रकार के व्यक्तित्व की आवश्यकता नहीं है, या अपने विचारों और कल्पनाओं की ऊँची उड़ान भरने के लिये भी अलग व्यक्तित्व की ज़रुरत नहीं है। हमें ज़रूरत है, दृढ़-विश्वास, जुनून, हासिल करने का साहस, निरंतरता और अपूर्णता के बावजूद अपने सपनों को साकार करने की उदाहरण के लिये भौंरे को देखिए।

तकनीकी रूप से भौंरे के लिये उड़ना असंभव है। ऑक्सफ़ोर्ड विश्वविद्यालय के डॉ. रिचर्ड बॉम्फ़्री के द्वारा प्रकाशित रिपोंट 'तरल पदार्थों पर प्रयोग' के अनुसार एक भौंरे के उड़ने की क्षमता बहुत कम है - बहती हवा के प्रभाव से आने वाले परिवर्तन के तौर पर यदि कहें - तो उसका उड़ना ऐसा है जैसे कि यह कीड़ा 'आधे में बँट गया हो,' न सिर्फ़ इसके दाहिने और बायें पंख स्वतंत्र रूप से फड़फड़ाते हैं, अपितु उनके आस-पास की हवा का बहाव कभी भी उसके हवा में आसानी से उड़ने में सहायक नहीं होता। बॉम्फ़्री बायोमेकैनिक्स को जीव विज्ञान के अंतर्गत आने वाले क्रमिक विकास प्रक्रिया की खोज के लिये प्रयोग में लाते हैं। परन्तु भौंरा उड़ान भरता है। ऐसे कई सिद्धांत हैं, जिनके अनुसार भौंरे के पंखों का अत्यधिक छोटा होना बताया गया है, जो उसे ऊपर उठाने में सहायक होते हैं। फिर भी भौंरा हमें आश्चर्यचकित करता है। वह हमारी मान्यताओं को खारिज करता है। प्रकृति के अनुसार भौंरे को कभी उड़ना नहीं चाहिए था, फिर भी वह उड़ता है।

हाँ, हम कर सकते हैं

हाँ, हमने यह पहले भी सुना है और हम इसे अक्सर सुनते हैं। ऐसा सिर्फ़ अमेरिकी राष्ट्रपति बराक ओबामा के द्वारा ही नहीं कहा गया, जिन्होंने लाखों अमेरिकियों को समझाया कि वे लोग विभिन्न स्तरों पर असुरक्षा से

जीत सकते हैं। राष्ट्रपति द्वारा यह बताया गया कि लोग जो चाहते हैं, उसे सफलतापूर्वक पूरा कर सकते हैं, वे अपना जीवन पुनः पा सकते हैं। यह आश्चर्य ही था कि इस संदेश ने लोगों को उनकी स्वयं की योग्यताओं पर और ज़्यादा भरोसा करना सिखाया, जिसके कारण ओबामा को भारी विजय प्राप्त हुई। कहीं न कहीं यह बात उस मानव स्वभाव को भी दर्शाती है जो आन्तरिक एवं बाहरी प्रेरकों से सकारात्मकता प्राप्त करते हैं। क्या हम सभी उस जीवन की ओर आकर्षित नहीं होते, जिसकी हमसे अपेक्षा की जाती है? या इससे बेहतर तरीक़े से कहा जाए, तो हम एक ऐसे जीवन के लिये लालायित रहते हैं जो दूसरे हमारे लिये सोचते हैं। अक्सर आप अपनी आन्तरिक प्रेरक शक्ति और अपने मूल स्वभाव को अनदेखा करते हैं और बाहरी प्रेरक शक्तियों पर प्रतिक्रिया देते हैं। मानव मन निरंतर दुविधा की स्थिति में रहता है इसके कारण हम दूसरों को मौक़ा देते हैं कि वे हमारी सीमाओं के बारे में हमें बताएं, जिसके परिणामस्वरुप हम अपनी कमियों को जीवन की दिशा तय करने का मौक़ा दे देते हैं। मैं आपको एक उदाहरण देता हूँ, यह स्वीकार करना बहुत आसान है कि मैं अच्छा संगीत पैदा करने लायक संगीत की समझ नहीं रखता, बजाय इसके कि मैं यह मान लूँ कि जो मुझे इस बारे में बताते हैं उनकी एक विशिष्ट पसंद है। या फिर यह कि जिस तरह का संगीत मैं पसंद करता हूँ, वह अलग है और दूसरों से लिया हुआ है। या फिर इससे भी मौलिक स्तर पर बात करें। कितनी बार हमने अपने अधिकारियों, शिक्षकों, या संपादकों से यह कहा कि यह ख़ास काम या विषय या ज़िम्मेदारी हमारे लिये नहीं है और कितनी बार हमने इस विश्वास को चुनौती दी है?

प्रलोभनों के आगे झुक जाना हमेशा आसान होता है। मैं याद करता हूँ, मेरे शिक्षक हमेशा कहा करते थे कि गणित विषय मेरे लिये नहीं है। मैंने या मेरे परिवार ने इस बात को लेकर, उस शिक्षक द्वारा विषय को रोचक बनाने की योग्यता पर कभी प्रश्न चिन्ह नहीं लगाया। मुझ पर हर तरफ़ (परिवार एवं शिक्षक) से दबाव आया, कि मैं इस विषय को भुगतता रहूँ और फिर इसे छोड़ दूँ। मुझे इस विषय से प्यार करने के बजाय इसे ढोना सिखाया गया।

और मैंने ज़िन्दगी में बहुत बाद में महसूस किया कि यह विषय तो

अत्यधिक रोचक है। काश, मैंने दूसरों को अपनी कमियाँ तय करने का मौक़ा नहीं दिया होता।

उद्यमिता जगत में भी आपका ऐसे नकारात्मक लोगों से पाला पड़ेगा और हर बात आपके विपरीत काम करेगी, ख़ास तौर से उस समय जब आप बिना धन या थोड़े धन के साथ अपनी यात्रा की शुरुआत कर रहे हों। इस समय आपके अपने विचारों पर विश्वास की परख होती है। और यह सिर्फ़ आप पर निर्भर करता है कि आप मनोबल बनायें रखें या इसे टूट जाने दें। फ़ौज से सेवानिवृत्ति के बाद कैप्टन गोपीनाथ की उद्यमिता-यात्रा दृढ़ विश्वास, दूरदृष्टि, सफलता और दिल तोड़ने वाली विफलता की कहानी है।

भौंरे का दृष्टांत

मुझे कैप्टऩ गोपीनाथ ने भौंरे और उसकी उड़ने की दृढ़ इच्छाशक्ति के बारे में बताया, जबकि सारी परिस्थितियाँ उसके विरूद्ध हों - सबसे मुश्किल उसकी मूल संरचना और वंशानुगत स्वभाव है जो उड़ने के अनुकूल नहीं है। कैप्टन गोपीनाथ उद्यमिता के साथ अपने प्रयास को एक उदाहरण के साथ बताते हैं। फ़ौज का एक पूर्व कैप्टन बिना धनराशि के एक उड़ान सेवा प्रारंभ नहीं कर सकता, पर जिस तरह भौंरा उड़ने मे अक्षम होने के बाद भी उड़ना पसंद करता है, कैप्टन गोपीनाथ ने भी अपनी वास्तविकता के विपरीत उड़ना पसंद किया। उन्होंने 1971 के बंग्लादेश के स्वतंत्रता संग्राम में भाग लिया और सेना छोड़ने के बाद किसान बनने का निर्णय किया।

'जिस समय मैंने सेना छोड़ी मेरे पास 6000 रुपये थे, इस राशि से मैंने खेती-बाड़ी प्रारंभ करने का निर्णय लिया। मैं अपनी भूमि पर रहने के विचार को बहुत पसंद करता था। इस बात से मुझे बहुत अनुराग था, और धरती पर रहने और कार्य करने का विचार जोश दिलाने वाला था। मैंने कभी इस विषय का तार्किक विश्लेषण नहीं किया, कि मैं रहूँगा कैसे और पैसा कैसे कमाऊंगा। मेरे अंदर एक न बुझने वाला आशावाद था।'

'जब मैं ज़मीन जोतने वाला छोटा किसान था, मेरे ऊपर भारी कर्ज़

हो गया। मुझे नर्क से होकर गुजरना पड़ा, पर स्वर्ग के द्वार नर्क से होकर ही जाते हैं,' वे कहते हैं।

कैप्टन गोपीनाथ ने एक बंजर पड़ी ज़मीन के टुकड़े को पर्यावरणीय दृष्टि से उचित रेशम के खेत में परिवर्तित किया और 1996 में रोलेक्स लॉरिएट अवॉर्ड जीता। इसके बाद तो जैसे कैप्टन गोपीनाथ के अंदर का उद्यमी उछालें मारने लगा और उन्होंने एक के बाद एक व्यापारों पर किस्मत आज़माई।

1997 में गोपीनाथ ने डेकन उड़ान सेवा की सह-स्थापना की, जो एक चार्टर हेलिकाप्टर सेवा थी। सन् 2003 में उन्होंने एक मितव्ययी उड़ान सेवा एयर डेकन की स्थापना की और सन् 2009 में उन्होंने डेकन 360 प्रारंभ की - जो एक मालभाड़ा उड़ान सेवा थी।

'जब मैंने एयर डेकन या कार्गो या हेलिकॉप्टर कंपनी प्रारंभ की, तो मेरे पास बिल्कुल भी धन नहीं था। बस एक विश्वास कि मैं यह कर सकता हूँ, हिलोरें मार रहा था। मैंने हवाओं के रूख को समझा। यह ऊर्जा, आशावाद और विश्वास था जिसने मेरा मार्ग प्रशस्त किया।'

2007 में एयर डेकन का विलीनीकरण हो गया। कैप्टन गोपीनाथ अपनी किताब *सिम्पली फ़्लाई* में किंगफ़िशर एयरलाइंस के प्रमोटर के साथ अपनी मुलाकात के बारे में विस्तार से बताते हैं। जहाँ उन्होंने आगे बढ़कर विजय माल्या की एयरलाइंस ख़रीदने की इच्छा के बारे में विस्तार से बताया है।

किताब के कुछ अंश :

उन्होंने कहा, - 'गोपी तुम भी बैंगलोर से हो। मैं भी बैंगलोर से हूँ। हमें दो उड़ान सेवाओं की क्या आवश्यकता है।' मैंने तुरन्त जवाब दिया, 'विजय, हम दोनों बिल्कुल अलग हैं। हमारे जीवन के प्रति अलग-अलग नज़रिये और दृष्टिकोण हैं और काम करने का तरीक़ा भी अलग है। हमारी यह व्यक्तिगत पहचान एवं सीमाएँ किस तरह मिट सकेंगी?' उन्होंने सलाह

दी कि हम एक उड़ान सेवा रखकर, एक साथ काम करें ताकि एक दूसरे के मुनाफ़े को कम न करें। उन्होंने कहा कि वह मेरी उड़ान सेवा में धन लगाना चाहते हैं। मैंने बात नहीं काटी, पर विजय इस तरह बोले जैसे वे मुझे ख़रीदना चाहते हों। वह नई उड़ान सेवा को किंगफ़िशर एयरलाइन्स नाम देना चाहते थे। मैंने कहा, 'हाँ यह बुरा विचार नहीं है, पर मुझे इस बारे में सोचना होगा। यदि हम आपके डेकन में निवेश से एक उड़ान सेवा नहीं बना सकते, तो भी मुझे विश्वास है कि हम दोनों एक-दूसरे के साथ काम तो कर ही सकते हैं। हम अपनी इंजीनियरिंग और अन्य संसाधनों को बाँट सकते है।'

जब मैं बाहर आया तो किरण राव ने मुझसे पूछा, 'आपने क्या फ़ैसला लिया?' मैंने कहा, 'मुझे नहीं लगता काम बन पायेगा। हम दो बहुत अलग व्यक्ति हैं।' मैंने इस बात को यहीं छोड़ दिया। मेरा सपना इस उड़ान सेवा को बनाने का था न कि धन अर्जित करने का। मैं चाहता तो अपना व्यापार बेच सकता था और एक मोटे मुआवज़े के साथ सेवानिवृत्त हो सकता था और अगर ऐसा होता तो भारतीय उड्डयन का इतिहास अलग होता और मेरी ज़िन्दगी भी अलग होती।

'... मैं अपनी वास्तविक दुनिया में वापस लौट आया और कंपनी के मुख्य कार्यकारी के रूप में लोगों का विश्वास मुझ पर बढ़ गया। मैंने अपना मंत्र याद किया कि कुछ नया करने की चुनौती, उसका पीछा करने, उसके लिए जीने और उसी के लिये मर जाने के बराबर है। इसे प्राप्त करना मेरा सपना था और मैंने इस सपने को कुछ लोगों के समूह को बेच दिया। मुझे इस प्रस्ताव को ठुकराने में वक़्त नहीं लगा। और मैंने ना कह दिया था इसलिये, किंगफ़िशर एयरलाइंस ने अपने अवतार में जन्म लिया। अन्यथा छः माह के भीतर डेकन का किंगफ़िशर एयरलाइंस के रूप में पुनर्जन्म हो गया होता।'

हालांकि, गोपीनाथ को झुकना ही पड़ा। डेकन को अनिश्चितता और संघर्ष

के दौर से गुजरना पड़ा। उड़ान सेवा को घाटा हो रहा था, उड़ानें रद्द की जा रही थीं, देरी से चलायी जा रही थीं। कर्मचारी उन्हें छोड़कर जा रहे थे। एक उड्डयन सेवा को अत्यधिक धन के साथ-साथ प्रशिक्षित कर्मचारियों की भी आवश्यकता होती है। आर्थिक, तकनीकी और मानव संसाधन - लगभग हर स्तर पर संघर्ष की स्थिति बनी हुई थी।

'इस प्रतिस्पर्धा में हमने अपने पायलट और इंजीनियर गवाँ दिये। एक सुबह मुझे पता चला, कि हमारी अहमदाबाद-बेंगलुरु उड़ान रद्द कर दी गयी है, क्योंकि पायलट और इंजीनियर ने हमें छोड़कर किंगफ़िशर एयरलाइंस में नौकरी कर ली है, और एक दिन पन्द्रह सह-विमान चालकों ने सामूहिक इस्तीफ़ा दिया और इंडियन एयरलाइंस में चले गये,' कैप्टन गोपीनाथ अपनी किताब में लिखते हैं।

समझा पाने में विफल रहे

कैप्टन गोपीनाथ पर हर तरफ़ से उड़ान सेवा को बेच देने का भारी दबाव था। निवेशक, बोर्ड सदस्य और अन्य सहभागी, उनके निवेश की वापसी हेतु कैप्टन गोपीनाथ की ओर देख रहे थे। सभी ओर अधीरता का भाव व्याप्त था, और गोपीनाथ ने हार मान ली।

आपकी व्यापारिक योजना, कल्पना-शक्ति और उसका कार्यान्वयन असाधारण होना चाहिए, लेकिन अक्सर, उत्साह और जुनून में हम उन बातों को अनदेखा कर देते हैं जो हमारे लिये उतनी ही आवश्यक हैं, जितनी कि हमारे साथ सपने देखने वालों के लिये।

'विभिन्न प्रकार के दबाव थे, फिर भी हम टूटे नहीं, और निवेशक हम पर दबाव बना रहे थे। मैंने उस तरह की उग्रता नहीं दिखायी, जो मुझे दिखानी चाहिए थी और मुझे लगा, कि मुझे ऐसा करना चाहिए था।' वह शोक व्यक्त करते हैं।

वे कहते हैं, उस समय तक हमारी उड्डयन सेवा सब कुछ प्राप्त कर चुकी थी, पर जिन्होंने निवेश किया था, वे पैसा नहीं बना पाये, उन्होंने कहा 'हम आपमें विश्वास करते हैं, आपका अनुसरण करते हैं, पर क्या हमें फ़ायदा होगा?'

यह एक अभूतपूर्व निर्णय था, लेकिन गोपीनाथ को इसे करना ही था। उन्हें या तो अपने सपने को पूरा करना था या उन सभी के लिये काम करना था, जो उनके सपने में हिस्सा रखते थे।

'मेरे ऊपर बोर्ड की तरफ़ से बेहद दबाव था, लोग कह रहे थे, मैं अपने अहंकार के कारण कंपनी बेचना नहीं चाहता हूँ क्योंकि मैं उस पर नियंत्रण रखना चाहता हूँ। ये लोग मुझसे ज़्यादा शक्तिशाली थे। मैंने सोचा यह बेहतर होगा, कि मैं छोड़ दूँ, क्योंकि अगर मेरे सपने मरते भी हैं, तो निवेशक तो पैसा बना लेंगे।'

एक उद्यमी के लिये सही निवेशक का चुनाव करना सबसे मुश्किल निर्णयों में से एक है, मुख्य बात है ऐसे व्यक्ति को खोजना, जो आपके सपने, कल्पनाशीलता में हिस्सेदारी करता है और उसी तरह आपको समझता है - ऐसा कोई व्यक्ति जो वास्तविक जीवन में है ही नहीं। अंत में एक प्रश्न से इसका अंत होता है : आप अकेले कब तक कठिनाइयों से लड़ सकते हैं?

'जब आपको बहुत ज़्यादा ज़रुरत होती है, तो आप किसी भी व्यक्ति से पैसा ले लेते हैं, आपको सपनों का भागीदार नहीं मिलता। लेकिन जहाँ आपके पास चुनाव की संभावना है, आपको अपना भागीदार दबावों की परवाह किये बिना बहुत सावधानी से चुनना चाहिए। और कभी-कभी आप (निवेशक या भागीदार) इसका चुनाव बहुत सर्तकता के साथ करते भी हैं, पर लोग पैसा निवेश करने के बाद भी बदल सकते हैं,' वह कहते हैं।

उस समय जब गोपीनाथ स्वयं को अपनी ही आँखो में विफल महसूस कर रहे थे, क्योंकि उन्होंने अपने सपनों को चूरचूर होते देखा, उनके दोस्तों ने उन्हें एक बहुत होशियार व्यापारी के रूप में देखा, जो कि निर्दयी, क्रूर था, एक ऐसा व्यापारी, जिसने सही समय पर सही निर्णय लिया।

'यह इस बात पर निर्भर करता है, कि आप अपनी सफलता को किस तरह परिभाषित करते हैं। आप दूसरों की नज़रों में विफल हो सकते हैं, और कभी दुनिया आपको सफल मानती है, लेकिन आप स्वयं को विफल महसूस करते हैं। जब मैंने एयरलाइन का विलय किंगफ़िशर

के साथ किया, मेरे ऊपर उसे बेचने का दबाव था। मुझे दबाव में आकर हार मानने की आवश्यकता नहीं थी लेकिन मैंने विलीनीकरण कर दिया। दुनिया की नज़रों में मैं एक चतुर व्यक्ति था, क्योंकि मैंने इसे सही समय पर बेचकर बहुत पैसा कमा लिया।'

'गोपीनाथ का सपना था, कि प्रत्येक व्यक्ति हवाई सेवा से जुड़े और सभी के लिये सुलभ हवाई यात्रा उपलब्ध हो। इसका प्रतीक चिन्ह आपस में जुड़ी हुई दो हथेलियाँ उड़ती हुई चिड़िया की तरह दिखाई देती हैं। इस प्रतीक के नीचे लिखा था 'सिम्प्ली फ़्लाई' यह इंगित करता है, कि अब एक आम आदमी के लिये भी हवाई यात्रा संभव थी। भारत में एयर डेकन ही ऐसी पहली एयरलाइन थी, जो महानगरों से द्वितीय श्रेणी के शहरों के लिये उड़ान भरती थी। कैप्टन गोपीनाथ का सपना था कि प्रत्येक भारतीय अपने जीवन काल में कम से कम एक बार तो उड़ान भर सके।

दिसम्बर 2007 में किंगफ़िशर एयरलाइन का विलय एयर डेकन में हो गया। डेकन एविएशन एयर डेकन की मूल कंपनी, में विजय माल्या की छब्बीस प्रतिशत भागीदारी थी। एयर डेकन अब नये नाम 'किंगफ़िशर रेड' के नाम से आयी। चार साल बाद सितम्बर 2011 में माल्या ने यह कहते हुए एयरलाइन बंद करने का ऐलान किया, कि वह किसी ऐसे मॉडल पर विश्वास नहीं करते जिसकी लागत कम हो।

ज़मीन से जुड़े लोगों के लिये मैं ईश्वर की भांति था, क्योंकि मैंने उनकी हवाई यात्रा सस्ती कर दी थी। यह एयरलाइन लोगों की अपनी थी। उन्हें लगा कि उन्हें नीचा दिखाया गया था। व्यापारियों ने कहा, कि वह (कैप्टन गोपीनाथ) बहुत चतुर एवं होशियार व्यक्ति हैं, जिन्होंने मौके का भरपूर लाभ उठाया। सभी निवेशकों ने बहुत पैसा कमाया। किन्तु गहराई से सोचने पर मैंने पाया, कि सपना मर रहा है, क्योंकि माल्या ने पूरा मॉडल ही बदल दिया था। 'अपने बनाये मॉडल के खत्म होने के एक साल के बाद मुझे समझ आया कि, एयरलाइन को बेचना मेरी ग़लती थी,' वे कहते हैं।

मेरे कर्मचारियों की नाकामयाबी

जब गोपीनाथ ने अपने अगले उद्यम की धमाकेदार शुरुआत की, वह बताते

हैं, उनके पास रिलायन्स सबसे बड़े निवेशक के रूप में था, 'रिलायन्स उस समय लॉजिस्टिक्स (तंत्र) में पैसा लगाना चाह रही थी और मुझे योजना बनाने वाले भागीदार की तलाश थी। मैं जानता था, कि इसके लिये बहुत बड़े निवेश की आवश्यकता थी।'

उन्होंने भारत में लॉजिस्टिक्स के व्यापार की आवश्यकता के संबंध में निवेशकों को समझाने की व्यवस्था जमायी। योजना मज़बूत थी और इसका बाज़ार व्यापक था। कैप्टन समझ गये थे, कि एक बेहतर लॉजिस्टिक्स डिलिवरी सिस्टम से भारतीय अर्थव्यवस्था की रीढ़ मज़बूत हो सकती है। निवेशकों ने उनकी कल्पनाशक्ति को मूर्त रूप दिया।

'किन्तु रिलायन्स के साथ कुछ गड़बड़ हो गयी। दूसरे भागीदारों ने हाथ खींच लिया। इस मायने में मैं विफल था - मैं उनकी भागीदारी बनाये रखने की सोच को क़ायम रख पाने में नाकामयाब रहा, जिससे कि व्यापार सुचारू रूप से नहीं चल सका। जब रिलायन्स के साथ समझौता हुआ, बाज़ार में बहुत गहमागहमी थी, प्रत्येक व्यक्ति निवेश करना चाहता था, किन्तु जैसे ही रिलायन्स ने आगे निवेश न करने का निश्चय किया, इसका असर व्यापार पर हुआ। कर्मचारियों ने एक मसीहा की भांति मेरा अनुसरण किया और मैंने यह अनुभव किया कि मैं उनके सपनों को पूरा करने की स्थिति में नहीं था। और इस तरह मैं विफल रहा। मैंने कुछ प्राप्त करने की योजना बनायी और मैं असफल हो गया।'

घटना के बाद की समझ

सब कुछ घटित होने के बाद क्या गोपीनाथ अपने निर्णयों पर मुड़कर ग़ौर कर पाये? शायद कई उद्यम एक साथ करने के लिये आवश्यकता है, आशावादिता, कल्पनाशक्ति एवं ऊर्जा की। खैर, उद्यमिता में इसका हल इतना सरल नहीं है।

'कभी-कभी ज्ञान से डर पैदा होता है किसी कार्य को करने का पूर्व-निर्धारित ज्ञान आपके पास हो सकता है। जीवन में, इस ज्ञान से सहायता ली जा सकती है। किन्तु एक उद्यमी के लिये, यह असफलता का सबसे बड़ा कारण भी हो सकता है। वास्तविकता यह है कि जब आप कुछ

खोज निकालने का प्रयास कर रहे हों, तो अपरिचित क्षेत्र तक फैल जाएँ। आप अपनी यात्रा प्रारंभ करने से पहले किसी अच्छे गुरु का या किसी सफल व्यापारी का दरवाज़ा खटखटाना शुरू करते हैं, तो यह ज़रूरी नहीं है, कि आपको भी उतनी ही सफलता मिल जाये, क्योंकि जो आप देख रहे हैं, वे उसे नहीं देख रहे। वे एक महान व्यक्ति हो सकते हैं, किन्तु प्रतिभावान होना और कुछ नहीं, बल्कि अनुसरण करने की कला है, जिस में आप विश्वास करते हैं। जब आप ऐसे लोगों के साथ चलते हैं, तो आप में साहस आता है। जब लोग कोई यात्रा प्रारंभ करते हैं और अपना सब कुछ लगा देते हैं, तो स्पष्ट रूप से कई लोग हार जायेंगे। किन्तु यात्रा प्रारंभ करना आवश्यक है। 'कोई व्यक्ति नयी ज़मीन की खोज नहीं कर सकता, जब तक वह लंबे समय तक किनारा देखने की आस नहीं छोड़ देता।' यदि आप जहाज पर जा रहे हैं तो सत्य यह है, आप ज़मीन के दृश्य को ओझल नहीं होने देना चाहते हैं, यह चीज़ आपको हमेशा किनारे के नज़दीक रखती है। यदि आप नयी चीज़ों को देखना चाहते है, तो आपको किनारा छोड़ना पड़ेगा।'

'ख़तरनाक काम करने के लिये एक भूख होनी चाहिए। जब आप केवल सुरंग के आख़िरी किनारे की रोशनी की ओर देख रहे हैं, तो यह अन्दाज़ लगाया जायेगा, कि आप अपने सपने पर ही विश्वास करते हैं, जो आपने बिना सोचे-समझे शुरू कर दिया। मैं सोचता हूँ, कि सफलता का केवल यही रास्ता है, जबकि विफलता का कारण भी यही है, पर सफलता का एक मात्र रास्ता भी यही है। जब मेरे पास पैसा नहीं था, तब एयरलाइन शुरू करने का विचार मुझे आया और मैं आगे बढ़ता गया और मैंने यह किया। मैंने सलाह भी ली कि मैं इसे और अच्छी तरह कैसे चला सकता हूँ। लेकिन हर सफ़र की शुरुआत एक सपने से ही होती है - हर बार।'

कैप्टन पुनः नयी उड़ान भरने और एक नयी घरेलू उड्डयन सेवा लाने की योजना बना रहे हैं। जब मैंने उनसे पूछा, 'क्यों? आपको किस बात ने इसके लिये प्रेरित किया?' उन्होंने टेनिसन की 'यूलिसिस' को उद्धृत करते हुए जवाब दिया - 'एक ललक के लिये, कुछ पाने के लिये, कुछ खोजने की ख़ातिर, झुकने के लिये नहीं।'

मैं विफल क्यों रहा

- अत्यधिक आशावादिता और उसके परिणामों को न देखना।
- बिना सोचे-विचारे, जल्दबाजी में नये उद्योगों को शुरू करना और निवेशकों को खोजना।
- अपना दृष्टिकोण दूसरों को समझा तो पाया, लेकिन उन्हें अपने सपने में शामिल करने में असफल रहा।

सलाह

- यदि मैं तर्क में ही उलझा रहता, तो बहुत-सी चीज़ें नहीं कर पाता, क्योंकि मैं बाधाओं को सुलझाने में ही लगा रहता। मैं किसी की बात सुनने को तैयार नहीं था। नेतृत्व इस बात की योग्यता हासिल करने में है कि आप स्वयं की कमियों को समझ सकें और खुद को अपने से बेहतर लोगों के बीच रख सकें।

***पुनश्चः** सलाह एवं असफलता के कारण कैप्टन की यात्रा से लिये गये हैं।

‘मेरा संघर्ष मेरे द्वारा
स्वयं चुना गया था।’

सब्यसाची मुखर्जी

आपको सब्यसाची द्वारा बनाये गये कपड़ों को पहनने के लिये उसके योग्य बनना होगा। उनके बनाये कपड़े पारखियों को पसंद आते हैं। काकिनारा के युवा डिज़ाइनर, सब्यसाची मुखर्जी ने शून्य से शुरुआत की और लंबे समय तक आत्म–मंथन करने के बाद व्यापक ख्याति अर्जित की। राष्ट्रीय फ़ैशन संस्थान (एन.आई. एफ़.टी.) में ईवनिंग गाउन तैयार कर रहे थे, तो वह अकेले थे, जो भारतीय डिज़ाइन पर काम कर रहे थे। वे कहते हैं, उन्होंने, हमेशा 'तूफ़ानी रोमांस' को चुना न कि 'उत्साहहीन ख़ुशहाल अस्तित्व' को। सब्यसाची भारतीय फ़ैशन जगत में एक ताज़ा झोंके की तरह हैं।

जब आपके दिमाग़ में कोई डर न हो

दिमाग़ का काम न करना, जीवन के सबसे विनाशकारी और चुनौतीपूर्ण अनुभवों में से एक साबित हो सकता है। एक ऐसा बिन्दु, जहाँ आपका दिमाग़, देखना, अनुभव करना, विश्वास करना बंद कर देता है। चारों ओर अंधेरा फैल जाता है और आप बस एक गहरी, काली सुरंग देख सकते हैं। कई स्थितियाँ ऐसी भी आती हैं, जो एक व्यक्ति को ऐसी शिथिलता की स्थिति में धकेलती हैं, जब आप कई-कई दिनों तक छत ही निहारते रहते हैं और महीनों के लिये अपनी सीमाएँ नहीं छोड़ते हैं। देश के सर्वाधिक प्रख्यात डिज़ाइनर, जिनकी रचना की अपनी आत्मा और अपनी भाषा होती है, वह सब्यसाची मुखर्जी भी, ऐसी स्थिति से गुज़रे हैं। उन्होंने बुझा हुआ सा महसूस किया, उन्होंने महसूस किया जैसे उनकी आवाज़ ही न हो, और न ही बाँटने के लिये कोई विचार।

'मैं चार साल तक गहरी उदासी एवं निराशा में रहा। आठ महीने तक मैं अपने कमरे से नहीं निकल पाया, मैं वहीं पड़ा रहता और छत निहारता रहता था।'

यह शुरुआती नब्बे के दशक के सब्यसाची थे, जब वे सेंट ज़ेवियर कॉलेज, कोलकाता में पढ़ते थे और उन पर मध्यमवर्गीय संवेदनाएँ एवं पारिवारिक दबाव था, कि वह अर्थशास्त्र, सांख्यिकी, गणित पढ़ें - और इस पाठ्यक्रम में हर तरह से उनकी संवेदनाओं का दम घुटता था।

यह वही काम है, जो अधिकांश मध्यमवर्गीय भारतीयों ने किया है और अभी भी कर रहे हैं। यदि आप परंपरागत रूप से पढ़ाई में तेज़ हैं तो विज्ञान पढ़ना ही एकमात्र रास्ता था, जिसके ज़रिये आप आगे बढ़ सकते थे और मध्यमवर्गीय बदहाली से उबर सकते थे।

सब्यसाची पश्चिम बंगाल में चांदनागोर की पुरानी फ्रेंच कॉलोनी के पास काकिनारा शहर के औद्योगिक कस्बे में बड़े हुए। काकिनारा का

अन्जान क़स्बा, फ़ैशन की चमकती दुनिया से बहुत दूर था। काकिनारा में एक या दो टूटे हुए सिनेमा हॉल थे, भारी भीड़ वाली बसें थी और यातायात के साधनों में नाव या साइकिल रिक्शा थे।

'मेरा एक सहायक चांदनागोर का था, और वह कह रहा था कि अब यह कस्बा वास्तव में आधुनिक हो गया है क्योंकि वहाँ अब 'लिवायस' की दुकान है,' वह मनोरंजक एवं स्नेहिल तरीक़े से यह कहते हैं। सब्यसाची इस विश्वास के साथ बड़े हुए कि अच्छी शिक्षा प्राप्त करना ज़रूरी है। और धीरे-धीरे यह बात उनके अस्तित्व का मुख्य भाग बन गयी।

उनका परिवार चिकित्सकों, साहित्य के प्राध्यापकों वाला विशुद्ध मध्यमवर्गीय बंगाली परिवार था। सब्यसाची के लिये एक सम्माननीय आजीविका इंजीनियरिंग, शिक्षा, मेडिसिन या इसी से मिलते जुलते क्षेत्र में निश्चित होनी थी। सब्यसाची अपने स्कूल में सभी क्षेत्रों में आगे थे, उनकी रूचि तकनीक, विज्ञान और साहित्य में थी। जितना वह कविता और नाटक के लिये तत्पर रहते थे, उतना ही वह खेलों की ओर भी प्रवृत्त रहते थे। वास्तव में वह 'होनहार पुत्र' थे, जिन्होंने परिवार को गर्व की अनुभूति करायी। उन्हें प्यार से 'सब्या' बुलाया जाता था, जो कोई भी ग़लत काम नहीं कर सकता था।

'मैं कठोर परिश्रम करने वाला व्यक्ति नहीं था, मैं पढ़ाई में अच्छा था, क्योंकि मैं बुद्धिमान और संवेदनशील था। मैं बहुत सारे बच्चों के लिये आदर्श के रूप में था।'

वह चौथी कक्षा में थे, करीब आठ या नौ साल के रहे होंगे, जब उन्होंने नाटक के लिये पहली पटकथा लिखी। हमेशा यह होता था, कि अध्यापक निर्देशन करते थे, किन्तु सब्यसाची को निर्देशन की अनुमति दे दी जाती थी। उन्होंने वेशभूषा, श्रृंगार, निर्देशन आदि का कार्य किया और शायद तभी उनके आसपास वालों ने यह अनुभव किया, कि सब्यसाची के पास असाधारण नेतृत्व की योग्यता है।

'नेतृत्व की योग्यता ने मुझे ख्याति भी दिलाई और गुमनाम भी किया,' वह कहते हैं।

उनकी रचनात्मक खोज केवल विद्यालय प्रांगण तक ही सीमित नहीं थी। उनके ग्रीष्मकालीन एवं शीतकालीन अवकाश अक्सर बड़े शहर, कोलकाता में बीतते थे। सब्यसाची कलकत्ता शहर की गलियों में संगीत समारोहों की व्यवस्था जमाते थे। वह बारह या तेरह वर्ष की आयु में ही अपने से बड़ी उम्र के बच्चों को निर्देशित एवं प्रेरित करने योग्य हो गये थे। यह सब्यसाची की रचनात्मकता एवं कौशलपूर्ण उद्यमिता थी, जो उन्हें अगली पंक्ति में खड़ा कर रही थी। आँखों के श्रंगार के लिये वह स्कैच पैन का प्रयोग करते थे।

उन्होंने कोलकाता में रंगशाला, संगीत, मेक-अप एवं डिज़ाइनिंग में किस्मत आज़माई। उनके द्वारा आयोजित संगीत समारोहों के टिकिट 25 पैसे में बिकते थे।

और सर ऊँचा हो गया

जहाँ तक उन्हें याद है, क़ाग़ज का छोटा सा टुकड़ा मिलने पर वे उसके पीछे अभिनेत्रियों के द्वारा पहने जाने वाले ईवनिंग गाउन के रेखाचित्र बनाया करते थे। वह फ़ैशन उद्योग का एक हिस्सा बन जाएंगे, ऐसा सब्यसाची भी नहीं जानते थे। फ़ैशन को आजीविका के रूप में नहीं लिया जाता था, फ़ैशन से जुड़े पत्र-पत्रिका भी नहीं मिलते थे, जो कि उन दिनों काकिनारा में वैसे भी बहुत ही कम थे। गिने-चुने फ़ैशन डिज़ाइनर थे जिनके बारे में बात की जाती थी।

सब्यसाची के परिवार वालों का मानना था, कि फ़ैशन जगत वास्तविकता में अस्तित्व में नहीं है। सब्यसाची की अपनी बहन के प्रति उत्तरदायित्व की तीव्र भावना और माता-पिता तथा उनकी ज़मीन से जुड़ी परवरिश ने उन्हें उस ओर आगे नहीं बढ़ने दिया, जो उनकी पहुँच के बाहर था।

'मैं मध्यमवर्ग से था, वहाँ कोई फ़ैशन-सप्ताह नहीं होता था, फ़ैशन के बारे में कुछ भी नहीं लिखा जाता था, केवल एन.आई.एफ़.टी. (राष्ट्रीय फ़ैशन तकनीकी संस्थान) था, जो दिल्ली में था। फ़ैशन मेरे लिये सपने जैसा था। मैंने बड़ा स्वप्न देखा, लेकिन वास्तविकता से हमेशा जुड़ा रहा।

अपनी पहुँच से बाहर प्राप्त कर आगे बढ़ने के लिये, मैं कल्पना की भूमि पर बड़ा नहीं हुआ था।'

'मेरे अभिभावकों ने निश्चय किया, कि मुझे या तो इंजीनियरिंग (केमिकल, सिविल, इलेक्ट्रिकल) या मेडिकल से संबंधित विद्यालय में प्रवेश पाना होगा। हालांकि मेरी माँ ने सरकारी कला महाविद्यालय से पढ़ाई की थी। यहाँ तक कि मैंने होटल प्रबंधन के विषय में भी सोचा, किन्तु मेरे माता-पिता ने यह सोचना भी उचित नहीं समझा, कि होटल प्रबंधन एक विकल्प हो सकता था।'

अरेंज्ड मैरिज या रोमांचक प्रेम

उनके पिता एक इंजीनियर थे और ऊन से जुड़े उद्योग में नौकरी करते थे। जब उनका परिवार कोलकाता में बस गया और सब्यसाची ने डिग्री की पढ़ाई के लिये ज़ेवियर में नाम लिखवाया, तब उन्होंने रहस्य उजागर किया।

सब्यसाची को यह बिल्कुल स्पष्ट हो चला था, कि वह जो करना चाहते थे, उससे दूर भाग रहे हैं। वह ऐसी चीज़ को पसंद कर रहे थे, जो उन्हें कभी ख़ुश नहीं रख सकती थी। वह जानते थे, कि विज्ञान या वित्तीय उपाधि से उन्हें उत्साहहीन अस्तित्व की प्राप्ति होगी, किन्तु सब्यसाची एक रोमांचक प्रेम चाहते थे और यह प्यार उतार-चढ़ाव के साथ आया। वह जानते थे कि वह परिस्थितियों से निपटने के योग्य हैं। वह कहते हैं, कि जो वह नहीं चाहते थे, वह थी अरेंज्ड मैरिज, जहाँ आप तब तक जोते जाते हैं, जब तक कि आप 'पसंद करना' शुरू नहीं कर देते। आप इसे पसंद करना सीखते हैं। आपके आस-पास का दबाव आपको इस ओर धकेलता है और धीरे-धीरे आप इसके आदी हो जाते हैं।

उसके बाद गहन सृजनात्मकता एवं निराशा का दौर शुरू हुआ। सब्यसाची उस समय अवसाद से घिर गये जब मध्यमवर्गीय भारतीयों के लिये यह एक अपरिचित बीमारी थी। मनोवैज्ञानिकों से सलाह ली गयी। सब्यसाची ने महीनों किसी से बात नहीं की और न ही मिले। यह पीड़ादायक अकेलेपन का समय था। कोई भी, यहाँ तक कि उनके माता-पिता भी उन्हें समझ नहीं पा रहे थे और उन्होंने आशा छोड़ दी थी।

ज़मीनी वास्तविकता से परिचित, सब्यसाची जानते थे कि वह अकेले ही इस स्थिति से स्वयं को बाहर निकाल सकते हैं। अतः उन्होंने अपनी विफलता को तोलना प्रारंभ किया। अपनी सांख्यिकी की परीक्षा आधी ही देकर वह चले गये। वह जान गये कि यदि वह अच्छा प्रदर्शन करते हैं, तो उनके पिता उन्हें इंजीनियरिंग कॉलेज में जाने हेतु बाध्य करेंगे। योजनाबद्ध तरीक़े से तैयारी की गयी थी और उद्देश्य था, एन.आई.एफ़.टी., कोलकाता में अच्छे अंको के साथ प्रवेश पाना।

और तब सब्यसाची का फ़ैशन के प्रति रोमांचक प्यार उभर आया। उनके पिता ने स्पष्ट कर दिया था, कि वे महाविद्यालय की फ़ीस ही वहन कर पायेंगे और फ़ैशन की डिग्री पाने में आने वाले अतिरिक्त ख़र्च में वे सहायता नहीं कर पायेंगे। यह समय परिवार के लिये आर्थिक उथलपुथल से भरा हुआ था। उनके लिये फ़ैशन क़ो अपनाना न केवल एक जुए की तरह था, बल्कि इस समय सब्यसाची की कौशलपूर्ण उद्यमिता की भी सच्ची परख होनी थी।

सब्यसाची कोलकाता की गलियों में लकड़ी के आभूषण साइकिल पर बेचते थे। उन्होंने फ़ोटोग्राफ़रों के साथ स्टायलिस्ट के रूप में काम किया और सालों-साल सप्ताहांत में भी काम करते रहे। उन्होंने एक छोटी मॉडलिंग एजेंसी, 'क्रियेटिव मीडिया' को भी इसी बीच प्रारंभ किया। वह कहते हैं, 'यह थोड़ा-थोड़ा नरक में जाने जैसा था।' किन्तु क्रियेटिव मीडिया ने उभरती हुई मॉडल सेलिना जेटली, बिपाशा बसु, कोयना मित्रा एवं रेशम घोष आदि के साथ काम किया।

आर्थिक रूप से सहारा देने के साथ-साथ वे एक छात्र के रूप में आश्चर्यजनक रूप से अपने फ़लक का विस्तार कर रहे थे। 'मैंने सीखा कि किन विचारों को जीवन में उतारना चाहिए और किन्हें नहीं। मुझे समझ आ गया था, कि उस शिक्षा से मुझे क्या लेने की आवश्यकता है। मैंने अनुभव किया कि हमने विद्यालय में जो सीखा और बाज़ार में जिस चीज़ की आवश्यकता है, दोनों में बहुत अंतर है। मेरी क्लास गाउन तैयार कर रही थी, मेरे अंतिम सत्र में मैं ही अकेला व्यक्ति था, जिसे भारतीय डिज़ाइन तैयार करनी थी। मैं जान गया, कि मुझे बहुत सारी चीज़ों को

सीखने की ज़रूरत है, जो मुझे एक डिज़ाइन हाउस स्थापित करने में सहायता करेगी।'

जैसे ही उनकी एन.आई.एफ़.टी. से शिक्षा पूरी हुई, सब्यसाची का उद्देश्य एवं उसे प्राप्त करने का ढंग दोनों ही सुस्पष्ट होते गये। वह जानते थे, कि वह अपना डिज़ाइन हाउस स्थापित करना चाहते हैं, न कि किसी डिज़ाइनर के लिये काम करना।

एन.आई.एफ़.टी. में उन्होंने सभी मुख्य पुरस्कार जीते, जिसमें कन्फ़्लूएंस अवॉर्ड भी शामिल है और उनके पास काम के प्रस्ताव आने लगे।

सात साल तक हमारे पास कोई पैसा नहीं था, चार साल अवसाद के रहे। मैंने विद्यालय छोड़ दिया और बहुत सारे छोटे-मोटे काम किये। मुझमें थोड़ी-थोड़ी हिम्मत आनी शुरू हुई, लेकिन मेरे माता-पिता बहुत निराश हो रहे थे। जब मुझे पच्चीस हज़ार रुपये मासिक वेतन और कार के साथ नौकरी करने का प्रस्ताव प्राप्त हुआ, तो वे ख़ुश हो गये थे। यद्यपि वे इसे सम्मानीय नहीं मानते थे।

'मैंने नौकरी से मना कर दिया - मैंने अनुभव किया कि मैं किसी और के लिये निर्माण कार्य करूंगा। डिज़ाइन नहीं कर पाऊँगा।'

इसी बीच सब्यसाची ने कोलकाता में आठ सौ रुपये मासिक की नौकरी शुरू की जहाँ उन्होंने छपाई सीखना शुरू किया।

उनके सपने पच्चीस हज़ार रुपये मासिक से कहीं आगे के थे, जिस पर उनका मन वास्तव में विश्वास नहीं कर सका। किन्तु इसी समय से सब्यसाची ने लोगों को समझाने का प्रयास करना या सुनना छोड़ दिया था। वह अडिग कल्पनाशक्ति, साहस एवं धैर्य तथा दृढ़ निश्चय के साथ काम कर रहे थे। देश से बाहर विश्वविद्यालय में जाने का प्रस्ताव भी उन्होंने निरस्त कर दिया। प्रस्ताव उस समय आया जब सब्यसाची ने कभी हवाई जहाज में यात्रा नहीं की थी। यह अकेली चीज़ कई लोगों के लिये प्रोत्साहित करने वाली बात हो सकती थी। किन्तु सब्यसाची के लिये, विश्वविद्यालय जाना उन्हें लक्ष्य से दूर ले जा सकता था। आठ सौ रुपये की छपाई की नौकरी ने उन्हें वस्त्रों के बारे में सीखने में मदद की, एक

ऐसी सीख जिसने उनकी कल्पना को साकार करने और भारत में एक मुकाम हासिल करने में बड़ी सहायता की।

मेरा सपना

सब्यसाची ने सन् 2000 के शुरुआती दिनों में कोलकाता में एक मारवाड़ी गृहणी के साथ मिलकर पहली प्रदर्शनी लगायी। प्रदर्शनी के पहले पन्द्रह मिनटों में ही उनकी भारी बिक्री हो गई। यद्यपि सब्यसाची की योग्यता स्थापित होने से उनकी भागीदार को ईर्ष्या हुई। उन्होंने इस बात का लाभ उठाया, कि दोनों ही पक्षकार किसी अनुबंध या दायित्व से बँधे हुए नहीं थे और उन्होंने पैसा देने से मना कर दिया, सब्यसाची एकदम खाली हाथ रह गये।

नीलांगी पारेख ने उन्हें पहचाना और सब्यसाची द्वारा तैयार किये गये बाकी कपड़ों को ख़रीद लिया और इस तरह सब्यसाची ने अपने व्यापार ने लिये पच्चीस हज़ार रुपये की राशि प्रारंभिक पूंजी के रूप में एकत्रित की।

सब्यसाची के संघर्ष के दिनों में जिस दर्जी ने काम किया था, वह आज भी उनके साथ काम कर रहा है। 'मैंने उसे बताया, अगर तुम दो महीने तक वेतन नहीं लेते हो, मैं तुम्हें विश्वास दिलाता हूँ, कि तुम्हारा अच्छी तरह ख़याल रखा जायेगा, क्योंकि मैं देश का सबसे बड़ा कपड़े तैयार करने वाला बनूंगा। उसने मुझ पर विश्वास किया।'

सब्यसाची ने अपने बेडरूम को सिलाई केन्द्र में परिवर्तित कर दिया, जबकि उनकी माँ का बेडरूम, स्टूडियो में बदल गया। कमाया हुआ एक-एक रुपया वापस व्यापार में लगाया जा रहा था और तभी सब्यसाची ने अपनी पहली दो सिलाई मशीनें ख़रीदीं।

'कमरे में वातानुकूलन नहीं था, इमारत में लिफ़्ट नहीं थी और मेरे माता-पिता का अपार्टमेंट ऊपर के माले पर था - यह एक डरावने स्वप्न-सा था। किन्तु हमारा काम फैला और हमने अच्छा कर दिखाया।'

अगला महत्त्वपूर्ण क्षण तब आया जब उन्होंने अभिनेत्री व मॉडल सेलिना जेटली के लिये मिस इंडिया प्रतियोगिता के लिए वेशभूषा तैयार

की। 2001 में सब्यसाची मुखर्जी ने फ़ेमिना ब्रिटिश काउन्सिल पदक जीता, परिणाम स्वरूप उन्होंने सेलिसबरी स्थित जॉर्जीना वान एज़्डॉर्फ़' के साथ प्रशिक्षण प्राप्त किया।

'मैं लंदन में पानी सोखने वाले स्पंज की तरह था। यह मेरी पहली विदेश यात्रा थी। मैंने सब कुछ सीखा और अपने व्यवसाय के लिए ज़्यादा चतुर एवं बुद्धिमान बन कर वापस लौटा।'

और यह उनके करियर की शुरुआत थी, जिसके बारे में वह कहते हैं, 'जो अब बहुत बढ़ गया है।'

रातों रात एक ब्रांड तैयार हो गया था। 2002 में दिल्ली में भारतीय फ़ैशन सप्ताह में मुखर्जी ने अपना कलेक्शन दिखाया, जिसने कि उनकी प्रतिष्ठा को स्थापित कर दिया। उनके परिधानों एवं स्कर्ट के नमूने, रंग बिरंगी कशीदाकारी पट्टियों सहित, जिप्सी एवं कोलकता की वेश्यावृत्ति के लिये कुख्यात क्षेत्र की वेश्याओं से प्रेरित थे। उन्होंने अपनी नाटक की समझ का प्रयोग करते हुए मॉडलो को माथे पर बड़ी लाल बिन्दी लगाई और मोटे काले चश्में लगाये।

तब से आज तक, काकिनारा जैसे छोटे शहर से आए व्यक्ति, जिसने आत्महत्या करने की कोशिश की थी क्योंकि एक समय जीवन बहुत भारी हो गया था, को पीछे मुड़कर नहीं देखना पड़ा। वे कहते हैं, 'कहीं अन्दर जाकर गहराई से सोचते हैं, तो आप जान पाते हैं कि आप क्या हैं और कौन हैं।' ऐसा इसलिये था, क्योंकि वे जान गये थे, कि वे कौन थे और क्या थे, वे विपरीत परिस्थितियों में क्या कर पाने के योग्य थे। और अन्ततः उन्होंने चुनाव किया (पच्चीस हज़ार रुपये मासिक वेतन की नौकरी छोड़कर या देश के बाहर विश्वविद्यालय जाने का प्रस्ताव ठुकरा कर) और अपनी नियति स्वयं निर्मित की।

सब्यसाची मुखर्जी के लिये अभी तो यह शुरुआत थी। यहाँ तक कि आज भी वे अपने सपनों एवं इच्छाओं के प्रति बहुत शान्त रहते हुए, बहुत आसानी से उन्हें पूरा करते हैं। अब वह समय निकल चुका था, जब उन्हें लोगों को समझाने का प्रयास करना होता था, या लोगों को उनके

सपने, उनकी दृष्टि कल्पना को साकार करने हेतु तैयार करना होता था।

'आज भी मैं लोगों को अपने सपनों के बारे में नहीं बताना चाहता, क्योंकि लोग मुझ पर हँसेंगे।'

'मैं अपने बारे में हमेशा जानता था। जब मैं फ़ैशन सप्ताह में गया, तो मैंने अपनी माँ से कहा, कि अगले दिन मुझे अख़बारों में देखोगी। वे मेरे ऊपर हँसने लगीं।'

फ़िलहाल सब्यसाची एक बिज़नेस-पार्टनर की खोज में लगे हैं। 'एक ऐसा कल्पनाशील व्यक्ति जो कविताएँ लिखता हो और संख्याएँ समझता हो। एक ऐसा व्यक्ति जिसका *ई.क्यू.* और *आई.क्यू.* तेज़ हो।'

मैं असफल क्यों रहा

- एक समय था, जब मैं परिस्थितियों को अपने ऊपर हावी होने देता था और कुछ भी नहीं कर पाता था।

सलाह

- किसी भी स्थिति या परिस्थिति को बदला जा सकता है।
- आप जिन चीज़ों का चुनाव करते हैं, उनके बारे में सतर्क रहें। हो सकता है कि बहुत लोगों के लिये जो सही चुनाव हो, वह आपके लिये सबसे बुरा हो।
- अपना लक्ष्य निर्धारित करो और आप जान जाओगे कि आपका अगला कार्य क्या होगा।
- कठिन परिश्रम एवं दृढ़ता का कोई विकल्प नहीं है।
- यह जानना ज़रूरी है, कि आप कौन हैं और क्या हैं।
- बड़े ख़्वाब देखो और उनका पीछा करो।

'सॉफ़्ट्रॉनिक्स में, यदि मैं घरेलू राजस्व पाने में सफल हो गया होता - तो मैं संतुष्ट तो हो जाता - पर तब शायद इंफ़ोसिस का जन्म नहीं हुआ होता।'

नारायण मूर्ति

नारायण मूर्ति भारत के पहले प्रौद्योगिकी उद्यमी है, और वे भारत को विश्व की ज्ञान-अर्थव्यवस्था (नॉलेज इकॉनोमी) के नक्शे पर लाने के लिये उत्तरदायी हैं। इंफ़ोसिस के संस्थापक मूर्ति का जीवन उदाहरणों से भरा पड़ा है। उनकी दूरदृष्टि और कार्यान्वयन ने इंफ़ोसिस की स्थिति को बहुत सारी कंपनियों के मुक़ाबले में पहले स्थान पर लाकर मज़बूती प्रदान की। मूर्ति अपने कार्य के सफलतापूर्वक संपन्न होने का श्रेय उनकी प्रारंभिक असफलता को ही देते हैं। उन्हें पद्म श्री एवं पद्म विभूषण जैसी उपाधियों से नवाज़ा गया है। बेहतर सेवा देने वाले के रूप में भारत की साख निर्मित करने में उनके विशिष्ट सहयोग एवं कंपनियों के बोर्ड सदस्य होने के अतिरिक्त, वह अपने परोपकारी कार्यों के लिये भी जाने जाते हैं। वह फ़ोर्ड फ़ाउंडेशन एवं संयुक्त राष्ट्र फ़ाउंडेशन के सलाहकार बोर्ड के सदस्य भी हैं।

आशा रखने का साहस

भारत के प्रथम प्रौद्योगिकी उद्यमी, नारायण मूर्ति की कहानी आधुनिक समय की महागाथाओं में से एक है। इसमें जुनून, प्रेम, परिवार और असफलता के तत्त्व विद्यमान हैं, जिनके कारण असाधारण सफलता प्राप्त हुई।

उन्होंने आघातों एवं कठिन परिस्थितियों से स्वयं को निकाल लेने की योग्यता से कई सबक सीखे। नारायण मूर्ति की असफलता और सफलता की कहानी आवश्यक रूप से भारतीय है।

यहाँ जुनून है, आशा रखने का साहस है, प्रेम है, देशभक्ति की भावना है, कठोर श्रम है और आशावादिता वास्तविकता के साथ समाहित है। यह उनका साहस ही था, कि उन्होंने प्रौद्योगिकी को भारत में उस समय लाने का सोचा जब यहाँ टेलीफ़ोन लगाना भी विलासिता की श्रेणी में आता था। सभी व्यवसायों को पूरी तरह से समाजवादी भारत में घोर पूंजीवाद माना जाता था। कल्पनाओं, विचारों और उद्यमिता को लालफ़ीताशाही और नौकरीशाही से रोका जाता था। यह अस्सी के दशक के भारत में था कि मूर्ति ने भारत की प्रथम कंपनी के बारे में सोचा जिसने कि भारत की ज्ञान-अर्थव्यवस्था को विश्व के मानचित्र पर पहुँचा दिया। इंफ़ोसिस, जितनी असफलता का परिणाम थी, उतनी ही नारायण मूर्ति की दूरदृष्टि और अटूट दृढ़ विश्वास का भी परिणाम थी।

मूर्ति को भारत और पूरे विश्व में उनकी उद्यमी ऊर्जा एवं उस समय विभिन्न व्यवसायों में आने वाली बाधाओं से लड़ने में प्रवीण होने के कारण आदर के साथ जाना जाता है। उन्होंने अपने छः इंजीनियर मित्रों के साथ, इंफ़ोसिस उस समय प्रारंभ की जब यहाँ निषेधात्मक सरकारी नियंत्रण था। मूर्ति कहते हैं, कि अस्सी के पूरे दशक को 'काला-दौर' कहा जा सकता है। 'बहुत सारे मतभेद थे। टेलीफ़ोन सुविधा पाने में तीन से पाँच साल और लाइसेंस पाने में अठारह से बीस महीने लग जाते थे।'

उनको देश में सर्वाधिक बड़े व्यवसाय को करने हेतु मुख्य सबक उस कंपनी से मिले जो उन्होंने इंफ़ोसिस प्रारंभ करने से पहले सॉफ़्ट्रॉनिक्स के नाम से 1976 में स्थापित की थी। किन्तु भारत में सॉफ़्टवेयर बेचना, जो व्यवसाय का मुख्य विचार था, अपने समय से बहुत आगे था। कंपनी एक साल से थोड़े ज़्यादा समय तक चली, और मूर्ति, जिन्होंने दृढ़ रूप से यह विश्वास किया कि भारत में समस्याओं का उत्तर उद्यमिता ही था, ने अपना पहला व्यापार बंद कर दिया।

'फ़्रांस से वापस लौटने के साथ ही मैं उद्यमिता में कुछ प्रयोग करना चाहता था। मुझे पूरी तरह से विश्वास था कि देश उद्यमिता के माध्यम से ही ग़रीबी से उबर सकता है।' जब मूर्ति फ़्रांस में काम कर रहे थे तो वह समाजवादी विचारधाराओं से बुरी तरह निराश हुए और उन्हें यह विश्वास था कि उद्यमिता राष्ट्र को ग़रीबी से बाहर निकाल सकती है।

जब उनमें भारत में सॉफ़्टवेयर बेचने के विचार का जुनून सवार था और सॉफ़्ट्रॉनिक्स उनका पहला उपक्रम था, तो उन्होंने अपने विचार और अपनी प्रथम कंपनी के प्रति प्रेम को अपने वस्तुनिष्ठ विश्लेषणों में इस बात के लिये आड़े नहीं आने दिया कि क्या सभी चीज़ें व्यापार के साथ मेल खा रही हैं या नहीं।

उन्होंने जल्द ही स्वीकार कर लिया था कि यह उपक्रम वास्तव में तेज़ी नहीं पकड़ रहा है। उन्हें पता था कि वह एक उद्यमी बनना चाहते हैं और यह कि व्यवसाय से धन अर्जित करना ही होगा। केवल सर्वोत्तम सुविचार ही वेतन के लिये, ख़र्चों के लिये एवं व्यवसाय को गति देने के लिये काफ़ी नहीं है। सॉफ़्ट्रॉनिक्स क़रीब एक साल बाद बंद हो गई।

मूर्ति स्वयं अपने विश्लेषण में ग़लत थे, जल्द ही उन्होंने महसूस कर लिया, कि उनका प्रथम उद्यमिता उपक्रम का सपना एक विफलता थी। यह एक ऐसा व्यापार था, जो निकट भविष्य में उठने वाला नहीं था।

'सौभाग्य से, मेरे पास मेरी मित्र सुधा (उतनी पत्नी) थी जिसके साथ मैं इस पर चर्चा कर सकता था। हम दोनों ने महसूस किया कि सॉफ़्ट्रॉनिक्स सफल होता नहीं दिख रहा है। हम इसे और नहीं चला

सकते। हमने अनुभव किया कि उस समय भारत में सॉफ़्टवेयर के लिये कोई बाज़ार ही नहीं था।' मूर्ति इस झटके को विभिन्न तरीक़ों से अपने ऊपर हावी होने दे सकते थे – जैसे अपने आपको उद्यमिता से दूर कर लेना, अपने सपनों को नष्ट कर देना अपना आत्मविश्वास खो देना, या कहीं दूर चले जाना, पराजित और निराश हो जाना। लेकिन इसके बजाय उन्होंने इसे एक 'मौका' माना, जैसा वे इसके बारे में कहते हैं, और अपने अन्तःकरण में झाँक कर देखा।

दिल से स्वीकार किया

उन्होंने स्वीकार किया कि चुनौतियों को गले लगाने की योग्यता, एवं आलोचना से सीख लेना, किसी व्यक्ति के दिमाग़ एवं आकांक्षा की बढ़ोत्तरी के लिये बहुत आवश्यक था। उन्होंने 'सही विचारधारा' पर विशेष बल और महत्त्व दिया। उन्होंने न्यू यॉर्क विश्वविद्यालय के बिज़नेस स्कूल के छात्रों को सही मनोदशा या विचार के महत्त्व के बारे में विवरणात्मक व्याख्यान दिया। उन्होंने कहा, 'एक निश्चित दिमाग़ी सोच, चुनौतियों को नकारने, लाभकारी नकारात्मक फ़ीडबैक की उपेक्षा करने की प्रवृत्ति निर्मित करती है, जो लोगों को नीचे की ओर ले जाती है और वे पूरी क्षमता से प्रदर्शन नहीं कर पाते। विकास की ओर अग्रसर दिमाग़ी सोच चुनौतियों को गले लगाने की प्रवृत्ति, आलोचना से कुछ सीखने की प्रवृत्ति जगाती है, और इस तरह के लोगों को उपलब्धियों के सर्वोच्च स्तरों तक पहुँचने की प्रवृत्ति को बढ़ावा देती है।'

मूर्ति ने शुरुआती असफलता को इस तरह लिया कि उनकी दिमाग़ी सोच कुछ सीख सके, आत्मसात कर सके और उन चीज़ों को लागू कर सके। यह शायद पहली बार हुआ था, कि मूर्ति ने अपने विचारों से आगे और विचारों की परकाष्ठा तक जाकर यह अनुभव किया कि कंपनी प्रारंभ होने के शुरुआती दौर में कंपनी के पास लगातार राजस्व प्रवाह होना चाहिए, और वह राजस्व उन गतिविधियों से प्राप्त होगा जो बाज़ार में भलीभांति समझी जाती हैं। 'ताकि संस्थापकों की बहुत ज़्यादा ऊर्जा ख़र्च न हो एवं संस्थापन केवल रचनात्मक विचारों पर ही ध्यान केन्द्रित कर सकें,' वह कहते हैं।

बड़ा विचार

मूर्ति का अगला विचार उत्तर-उदारवादी भारत के लिये महत्त्वपूर्ण मील का पत्थर साबित होगा और भारत को प्रौद्योगिकी और सेवाओं में विशेषज्ञता हेतु विश्व के मानचित्र में स्थान दिलाने में महत्त्वपूर्ण भूमिका अदा करेगा। इंफ़ोसिस की स्थापना 1981 में उस समय की गयी थी जब देश अत्यधिक नियंत्रणों, लालफीताशाही एवं नौकरशाही से बँधा था।

यद्यपि, इंफ़ोसिस के साथ, मूर्ति के पास वह सीख थी जो उन्होंने सॉफ़्ट्रॉनिक्स से ली थी। इसके अलावा, उनकी पहली असफलता ने उन्हें और अधिक निडर बना दिया, उनके विचारों और ताक़त में अब और ज़्यादा विश्वास जाग गया। वास्तव में असफलता से पुनः वापसी में उन्होंने आत्मज्ञान की ताक़त पर ज़्यादा बल दिया। न्यू यॉर्क विश्वविद्यालय के स्टर्न स्कूल में व्याख्यान के दौरान, उन्होंने आत्मज्ञान की विवेचना एक 'भारतीय आध्यात्मिक प्रथा की आधार-शिला' के रूप में की। वह कहते हैं, यह 'ज्ञान का सबसे बड़ा रूप' है।

'मुझे विश्वास है, यह अत्यधिक जागरूकता और आत्मज्ञान आगे जाकर व्यक्ति के स्वयं में विश्वास, धैर्य, दृढ़ निश्चय और विनम्रता विकसित करेंगे एवं वे सभी विशेषताएँ भी जो किसी व्यक्ति को सद्‌भावना और प्रतिष्ठित तरीक़े से सफलता के योग्य बनातीं हैं।'

बहुत सारे कारणों से मूर्ति को उदाहरणात्मक व्यावसायिक नेता के रूप में जाना जाता है - वह व्यवसाय में नये तरीक़ों को लाये। इंफ़ोसिस (ग्लोबल डिलीवरी मॉडल) में अग्रणी रहा एवं एन.ए.एस.ए.क्यू. पर सूची में अंकित भारत की पहली आई.टी. कंपनी के रूप में इसका नाम आया। इसके कर्मचारियों में, स्टॉक के विकल्प ने इस कंपनी को उस श्रेणी में खड़ाकर दिया जहाँ हम कह सकते हैं, कि यह भारत की कुछ कंपनियों में पहली कंपनी बनी जो अपने कर्मचारियों को लाखों रुपये वेतन के रूप में दे रही थी।

उनके सॉफ़्ट्रॉनिक्स के अनुभव से उन्हें यह समझ आ गया कि एक व्यवसायिक मॉडल को निर्मित करने में क्या फ़ायदे हैं और क्या कमज़ोरियाँ

हैं। जैसे ही उन्होंने यह जाना कि सॉफ़्ट्रॉनिक्स के प्रारूप में कमज़ोरियाँ थीं, उन्हें विश्वास हो गया कि इंफ़ोसिस की तीव्र गति से उन्नति के लिये उन्हें अमेरिका में निर्यात बाज़ार पर ध्यान केन्द्रित करना होगा और इसी से कंपनी को सफलता मिलेगी। यह वह विचार था, जिसके अंतर्गत उन्हें भारत की सूचना प्रौद्योगिकी की योग्यता पर ध्यान देना होगा और तब यह निर्यात बाज़ार की आवश्यकता की पूर्ति करेगा।

'यदि भारत सरकार आगे आकर सुधार नहीं करती, तो हमें दूसरे देश जाना पड़ता। मुझे इस अवधारणा पर पूरा भरोसा था,' वह बताते हैं।

सॉफ़्ट्रॉनिक्स को स्थापित करने के डेढ़ साल के दौरान मूर्ति ने अनुभव किया कि थोड़ी सी मात्रा में राजस्व प्राप्त करने में बहुत ज़्यादा समय और प्रयत्न लग रहा है, और उन्होंने निश्चय किया कि उनका अगला प्रयास जोख़िम को संभालने में ज़्यादा कारगर होगा। 'हमने यह अनुभव किया कि हम एक कंपनी या राजस्व के एक स्त्रोत पर ही निर्भर नहीं रह सकते।'

कंपनी की स्थापना के पहले ही साल में इंफ़ोसिस ने अपने पहले ग्राहक, डाटा बेसिक्स कॉर्पोरेशन (न्यू यॉर्क) के साथ अनुबंध पर हस्ताक्षर किये। छः सालों में, इंफ़ोसिस ने इसका पहला अन्तर्राष्ट्रीय कार्यालय अमेरिका में बॉस्टन में खोला।

इंफ़ोसिस आगे चलकर भारत की सबसे ज़्यादा प्रतिष्ठित प्रौद्योगिकी कंपनी बन गयी। इस यात्रा के दौरान आत्म संशय का समय भी था एवं कंपनी की सफलता देखने के बाद भी इसको बेचने का दबाव और खींचतान चल रही थी। पर इस बार मूर्ति को उनकी दूरदृष्टि में विश्वास था, जिसने उन्हें उनके जीवन के उद्देश्य को आगे बढ़ाने के मार्ग पर क़ायम रखा।

ऐसा भी समय आया जब इंफ़ोसिस के दूसरे संस्थापक कंपनी को बेचना चाहते थे और यह मूर्ति ही थे जिन्होंने दूसरे संस्थापकों को ख़रीदने का प्रस्ताव दिया - ऐसा प्रस्ताव जिसे वे अकेले पूरा नहीं कर सकते थे। मूर्ति के पास धन नहीं था, पर वह आशावादी एवं दृढ़ विश्वासी थे।

तर्क-वितर्क के एक घण्टे बाद, वह अपने सहयोगियों को यह समझा पाने में सफल हो गये कि जो कुछ उन्होंने निर्मित किया है उस पर विश्वास करो, जब तक उन्हें अपने या कंपनी की पूरी क्षमता पर विश्वास न हो जाये, तब तक इसे बेचने के बारे में मत सोचो। इंफ़ोसिस को कंपनी के रूप में तैयार करने में छः संस्थापकों ने मिलकर काम किया जो भारत में कई अग्रणी फ़ैसलों में आगे रहे। 'मैंने उन पर दबाव डाला कि अगर हम इस कंपनी को महान बनाना चाहते हैं, तो हमें आशावादी एवं दृढ़ विश्वासी होना चाहिए।'

जब इंफ़ोसिस कंपनी के सबसे बड़े पक्षकार को रोक पाने में असफल रही, तब मूर्ति ने एक सीख ली। यह एक फ़ॉरच्यून-10 कंपनी थी और इंफ़ोसिस पचास लाख डॉलर के राजस्व के साथ, उस पर पच्चीस प्रतिशत राजस्व के लिये आश्रित थी। इंफ़ोसिस के लिये, जो हाल ही में प्रथम श्रेणी की सूची में आयी थी, इस ग्राहक को खोना एक बहुत बड़ी आफ़त हो सकती थी।

ग्राहक मोल-भाव कर रहा था और इंफ़ोसिस अन्य सॉफ़्टवेयर विक्रेताओं के विरूद्ध खड़ी थी। अनुबंध के नियम व शर्तें बहुत मुश्किल थीं और मूर्ति को यह निर्णय लेना था कि या तो वह ग्राहक की शर्तों के हिसाब से आगे बढ़ें या कंपनी के उन कायदों से जुड़े रहें, जो उचित मूल्य द्वारा बेहतर लोगों के साथ आर एण्ड डी, बुनियादी ढाँचे, और प्रशिक्षण में निवेश करने की अनुमति दें। मूर्ति के लिये यह कठिन निर्णय था, कंपनी के लिये वित्तीय स्थिति दाँव पर लगी थी, पर वह इस बात से अवगत थे, कि शर्तों को मानकर कंपनी की प्रतिष्ठा, जो उन्होंने सालों में कठोर परिश्रम एवं कार्य के लिये समर्पित होकर निर्मित की है, दाँव पर लग जायेगी।

मूर्ति ने अगले विक्रेता से सरल प्रक्रिया अपनाने का वादा किया और इस असफलता के साथ उन्होंने जोख़िमों के महत्त्व को समझा। इंफ़ोसिस ने जोख़िम निवारक परिषद निर्मित की और जोख़िम कम करने वाली योजनाओं को भी साथ लिया, जिसके अनुसार इंफ़ोसिस किसी एक ग्राहक, तकनीक, देश, क्षेत्र या कर्मचारी के उपर आश्रित नहीं रहेगी।

मूर्ति की इंफ़ोसिस कई मामलों में अग्रणी थी जिसमें इसके बिज़नेस

मॉडल, कॉर्पोरेट तंत्र से लेकर अपने कार्यक्षेत्र में ऊँचे मानक तैयार करना भी था।

यह ऐसी पहली कंपनी के रूप में विकसित हुई, जो अपनी त्रैमासिक कमाई का लेखा-जोखा देती और ऐसी पहली कंपनी है जो इस अवधारणा के साथ आयी कि निदेशक को स्वतंत्र रूप से कार्य करना चाहिए। सन् 2002 में मूर्ति सी.ई.ओ. के पद से हट गये। इसके बाद से बहुत बदलाव आये। अब इंफ़ोसिस भारतीय सूचना तकनीक का चेहरा नहीं रही। वह कंपनी जिसने अपने केन्द्रित लक्ष्य और दूरदृष्टि के बल पर छलांग लगायी थी, अब उसमें दोष आ रहे थे। इंफ़ोसिस मॉडल, जो एक समय में कई मायनों में अग्रणी के रूप में माना जाता था, वह सूचना तकनीक के क्षेत्र में आ रहे अन्य प्रतिद्वन्दात्मक खिलाड़ियों से मात खा रही है और सामंजस्य बना पाने में असमर्थ है। और फिर, जिस कंपनी की स्थापना मूर्ति ने की थी उसकी पतवार उनके हाथ में नहीं है।

मैं असफल क्यों रहा

- बाज़ार मेरे विचार को अपनाने के लिये तैयार नहीं था।
- बाज़ार में पैर जमाने के लिये मेरे पास साधन नहीं थे।
- एक कंपनी पर अत्यधिक आश्रित होना या राजस्व के सहारे रहना आपको असुरक्षित बना देता है।

सलाह

- अपने विचारों को लागू करने के लिये आपको समय देना चाहिए।
- सफलता आपके काम को गति प्रदान करती है, लेकिन यह ज़रूरी नहीं कि वह काम सर्वोत्तम ही हो।
- जब तक आप हर दिन ईमानदारी से काम कर सकते हैं, उद्यमिता दिखा सकते हैं, और नपा-तुला जोख़िम उठा सकते हैं, आपको असफलता की फ़िक्र नहीं करनी चाहिए।
- कड़ी मेहनत करें।
- यदि आप अपने विचारों पर केन्द्रित रहते हैं तो आपका उत्साह बना रहेगा।
- समस्या पर ही ध्यान न लगायें, हल खोजें।
- समस्याएँ लोगों को निरुत्साहित नहीं करतीं, बल्कि ऐसे बिन्दु पर खड़े होना उन्हें निरुत्साहित करता है जहाँ रास्ता बन्द हो जाता है।
- अच्छे विचार वाले लोगों को एक साथ लायें।
- एक ऐसा वातावरण तैयार करें जिसमें व्यक्तिगत योग्यता की कद्र हो।
- पदों की वरिष्ठता नये विचारों को न रोक पाये।
- विफलता कुछ मायनों में सफलता से भी ज़्यादा सबक सिखाने वाली होती है।

‘हर व्यक्ति ने मुझे उस समय मूर्ख समझा जब मैंने कॉर्पोरेट अस्पताल खोलने की इच्छा ज़ाहिर की।’

डॉ. प्रताप सी. रेड्डी

अपोलो अस्पताल की श्रंखला के चेयरमैन प्रताप सी. रेड्डी ने भारत में स्वास्थ्य सुविधाओं को पुनः परिभाषित किया। उन्होंने भारत में स्वास्थ्य सेवाओं का कॉर्पोरेट स्वरुप तब किया जब यह पूरी तरह से सरकार का कार्यक्षेत्र था। आज अपोलो एशिया का सबसे बड़ा स्वास्थ्य सुविधाएँ देने वाला प्रतिष्ठान है - जिसके अन्तर्गत 50 से अधिक अस्पताल, एक हज़ार से ऊपर औषधि-निर्माण केन्द्र, क्लीनिक एवं बीमा संयुक्त उपक्रम हैं जो 'म्यूनिख हेल्थ' से जुड़ा है और 'म्यूनिख रि ग्रुप' का हिस्सा है।

कहा जाता है कि हमेशा सब कुछ संपूर्ण नहीं हो सकता। आपको सब कुछ प्राप्त नहीं हो सकता है। आपको चीज़ों को सही करने के लिए स्वीकार करने, प्रयोग करने, असफल होने एवं पुनः प्रयोग करने के लिए तत्पर रहना होगा। आपको सभी अप्रिय परिस्थितियों को सत्य मानकर चलना होगा, यदि आप उद्यमिता की कठिन राह पर आगे बढ़ना चाहते हैं।

आप अग्रणी बनने की चाह रख सकते हैं, पर क्या आपमें एक साथ सीखने और भुला देने की योग्यता है? क्या विपरीत परिस्थितियों में भी आप अपने मार्ग पर खड़े रह सकते हैं? क्या आप सही समय पर चलने के लिए तैयार हैं? असफल होने पर यह स्वीकार करने के लिये तैयार हैं कि आप असफल हो गये हैं? क्या आप अपनी राह ख़ुद बनाने के लिए तैयार हैं?

जो व्यक्ति जो भारत में व्यक्तिगत स्वास्थ्य सेवाएं लेकर आया, वह ऊपर वर्णित सभी स्थितियों से और इससे भी अधिक मुश्किलों से होकर गुज़रा। डॉ. प्रताप चंद्र रेड्डी 1978 में संयुक्त राज्य अमेरीका से भारत वापस आ गए। उस समय व्यक्तिगत स्वास्थ्य सेवा की अवधारणा भारत के लिए नयी थी और डॉ. रेड्डी इस क्षेत्र में अद्भुत परिवर्तन लाना चाहते थे जो हमेशा से ही सरकारी कार्यक्षेत्र रहा था। उस दौरान निजी अस्पताल नहीं थे और केवल छोटे नर्सिंग होम थे।

डॉ. रेड्डी अमेरिका में हृदय-रोग विशेषज्ञ के रूप में कार्य कर रहे थे, अमेरीकी स्वप्न को जी रहे थे, एक ऐसा जीवन जी रहे थे जिसकी कि हर भारतीय चाह रखता है। जब अमेरीका को असंभव को संभव बना देने वाला देश समझा जाता था, तब भारत कठिन नियंत्रणों से भरा पड़ा था। भोजन से लेकर सुविधाओं तक सभी कुछ राशनाधीन था। सरकार हमारे जीवन के प्रत्येक पहलू पर छायी हुई थी। 1970 का दशक नेहरू के बाद वाला समय था, भारत की नीतियाँ भारी रूप से समाजवादी एवं रक्षात्मक थीं। यह इंदिरा गाँधी का भारत था, जहाँ बैंकों का राष्ट्रीयकरण

हुआ था और ज़्यादा समाजवादी, आर्थिक एवं औद्योगिक नीतियाँ लागू की गयीं थीं। भारत तीसरी दुनिया में द्वितीय विश्व युद्ध के बाद समाजवाद का चेहरा था। उद्योगों को समाप्त करने के लिए नियम बनाये गये थे जिनसे उद्योग लगभग दमनकारी अवस्था में थे। 1951 के औद्योगिक अधिनियम के अंतर्गत समस्त व्यवसायों के लिए यह आवश्यक था कि किसी भी उत्पाद के प्रारंभ, विस्तारीकरण या यहाँ तक कि उत्पाद योजना में परिवर्तन के लिए भी सरकार से अनुमति प्राप्त करें।

विदेशी निवेश भी विभिन्न प्रतिबंधों के अंतर्गत आते थे। अर्थव्यवस्था अपनी अंतिम सीमा तक पहुँच गयी थी। 1950 से 1973 के बीच जापान की अर्थव्यवस्था भारत के मुकाबले दस गुना ज़्यादा तेज़ी से बढ़ रही थी, भारत की अर्थव्यवस्था 1973 से 1987 के बीच प्रतिवर्ष दो प्रतिशत की धीमी गति से रेंग रही थी। नीति निर्माता निरंतर बदलाव को अस्वीकार कर रहे थे, जब उन्हें यह कहा कि यह बड़ा ही पीड़ा दायक विकास है, बिल्कुल 'हिन्दू विकास दर' की तरह। तत्कालीन प्रधानमंत्री इंदिरा गांधी ने 16 नवंबर 1983 को आर्थिक विकास संस्थान, दिल्ली में संसार में भारत के प्रत्यक्ष ज्ञान बोध पर टिप्पणी की - 'वे लोग जो भारत में या भारत के बाहर रहते हैं, वे वैचारिक रूप से लोकतांत्रिक समाजवादी अवधारणा के विरोधी हैं, व्यंगात्मक टिप्पणी करते हैं कि योजनाओं ने अर्थशास्त्री ज़्यादा निर्मित किये न कि आर्थिक बदलाव, परिणामों की अपेक्षा रिपोर्ट ज़्यादा तैयार की हैं।'

'अर्थव्यवस्था एवं विचारधार के युद्ध पर प्रभाव डालते हुए, जो कि वह और उनकी सरकार लड़ रहे थे, उन्होंने कहा था कि 1977 एवं 1979 के मध्य का समय योजना-विहीन एवं भटकाव वाला था।'[1]

डॉ. प्रताप सी. रेड्डी शायद वह पहले व्यक्ति होंगे जो इंदिरा गांधी को स्वास्थ्य सेवाओं में निजी उपक्रमों की भूमिका के बारे में समझा पाये। डॉ. रेड्डी हृदय रोग विशेषज्ञ थे जिन्होंने एक उद्यमी बनने का निश्चय कर लिया था और यह भी सोच लिया था कि दुनिया की सर्वोच्च्व स्वास्थ्य सेवाएं भारत में लाकर रहेंगे। स्वयं को भारतीय परिदृश्य में ढालने में

[1] स्त्रोत : इंदिरा गांधी : चयनित भाषण एवं लेखन, (1982—1984)

उनका फुर्तीलापन असाधारण था। बहुत सारी निराशाएं एवं असफलताएं थीं, किन्तु कठिनाइयों के बावजूद वह हिले नहीं, और अनवरत कार्य करते हुए आगे बढ़ते गए। अनुमति लेने हेतु लाइसेंस प्राप्त करने में एवं भूमि अर्जन या उपकरणों को आयात करने में जितना समय लगा उसमें कई दिन और सालों साल लग गए। अनुमति मिली भी और निरस्त भी हुई। राष्ट्रीय राजधानी और चेन्नई के बीच यात्राएं करीब-करीब प्रति सप्ताह होती थीं। डॉ. रेड्डी को जल्द ही समझ आया कि भारत का व्यावसायिक माहौल वास्तव में व्यापार से शत्रुता के भाव वाला था। लाभ और उद्यमिता देश में अभिशाप की तरह थे।

मैं जब भारत लौट कर आया, चरण सिंह प्रधान मंत्री थे (1979-1980)। मैंने उन्हें लिखा कि मैं एक कॉर्पोरेट ढाँचा (निजी स्वास्थ्य सेवा कंपनी) प्रारंभ करना चाहता हूँ। मुझे लगता है कि उन्होंने बस उसे फाड़ा और फेंक दिया। वह एक वित्तमंत्री भी थे। मैंने उनके सचिव से बात की और उनसे अपने पत्र के बारे में पूछा। उन्होंने कहा : 'डॉ. रेड्डी, हम रद्दी क़ाग़जों की डलिया साफ़ नहीं करते हैं और वह रद्दी क़ाग़ज की डलिया में ही होगा।'

'मैं चरण सिंह से पूछना चाहता था कि उन्होंने ऐसा क्यों किया। मेरी समस्या यह थी कि मैं हिन्दी में समझा नहीं पाता था। उस समय ऐसा लग रहा था जैसे यह कोई विचार हो। बहुत सारी बाधाएं थी। किसी ने भी इतनी सारी ख़ूबियों के साथ अस्पताल जैसे संगठन की शुरुआत करने का प्रयास नहीं किया था। कोई नहीं समझ पा रहा था कि इसमें कितनी पूंजी की आवश्यकता है और किसकी अनुमति की ज़रूरत है। पहली अनुमति चिकित्सीय उपकरणों को आयात करने के लिए चाहिये थी - प्रत्येक उपकरण के लिए आपको 12 आवेदन करने होते हैं और हमने 367 उपकरण आयात किए,' वह याद करते हैं। आज भारत में सर्वाधिक ख्याति प्राप्त एवं विश्वसनीय स्वास्थ्य सेवा प्रारंभ करने में लगभग तीन दशक लग गए।

अपोलो अस्पताल एशिया के सर्वाधिक बड़े परंपरागत स्वास्थ्य संगठनों के रूप में विकसित हुए जिसके अन्तर्गत 9000 बिस्तरों वाले 50

अस्पताल, 1200 से ज़्यादा औषधि निर्माण केन्द्र एवं 100 से भी अधिक क्लीनिक आते हैं। अपोलो ने निजी क्षेत्र में स्वास्थ्य सेवा प्रारंभ करने में महत्त्वपूर्ण भूमिका अदा की है और इसने भारत में स्वास्थ्य संबंधी उद्योग में अभूतपूर्व परिवर्तन लाने में भी महत्त्वपूर्ण भूमिका अदा की है।

जब डॉ. रेड्डी अपने पहले प्रयास में सरकार के साथ बातचीत आगे बढ़ाने में असफल हो गए, तो उन्होंने प्रतीक्षा करने का निर्णय लिया। उन्होंने कांग्रेस के पुनः सत्ता में आने का इंतज़ार किया। और जब वह इसका इंतज़ार कर रहे थे, उन्होंने संस्था की नींव रखने हेतु कार्य करना प्रारंभ कर दिया। वह संयुक्त राज्य अमेरीका वापस चले गये और अपने सहकर्मियों से सलाह मशविरा किया, 'मैं नैशविल के थॉमस जूनियर अस्पताल गया, यहाँ तक कि मेरे पास विज़िटिंग कार्ड भी नहीं था। मैंने एक क़ाग़ज पर वहाँ के एक मुख्य शल्य चिकित्सक से मिलने हेतु एक टीप लिख कर भेजी। वह सरकारी अस्पताल में स्वास्थ्य सुविधाओं की स्थिति को लेकर हमारी भावनाओं से सहमत थे। मरीज़ों को वैसी सुविधाएँ नहीं नहीं मिल पा रहीं थीं, जैसी वे चाहते थे।

भारत की विडंबना यह थी कि यहाँ ऐसे लोग बहुत थे जो परोपकारी अस्पताल को सहायता देने हेतु आगे आने को तैयार थे, किन्तु निजी अस्पताल के लिए नहीं। 'मेरे दोस्तों, परिवार वालों और रोगियों ने मुझे 10 करोड़ रुपये परोपकारी अस्पताल प्रारंभ करने के लिए दे दिये होते। मुझे हर व्यक्ति ने कहा कि मैं अपनी नौकरी छोड़कर और इतना सारा धन अस्पताल में लगाकर मूर्खता कर रहा हूँ।'

'आपको अच्छा चिकित्सीय ओहदा मिला हुआ है, शहर में सभी लोग आपके पास आते हैं। आप सोचते हैं कि आप अकेले ही स्वास्थ्य संबंधित ढाँचे को परिवर्तित कर देंगे? आप एक असंभव काम कर रहे हैं,' लोगों ने उन्हें कहा।'

डॉ. रेड्डी ने एक गैरिज की छत पर बने कमरे में काम शुरू किया जो कि अपोलो का उनका पहला ऑफ़िस था। भारतीय प्रशासन में हुए फेरबदल से उन्हें सहायता मिली। आर. वेंकटरमण 1980-82 के मध्य वित्त मंत्री थे, जिनके बाद उन्होंने प्रणव मुखर्जी ने कार्यभार संभाला।

वेंकटरमण ने डॉ. रेड्डी को यह कहते हुए आशा दी कि, 'वित्त मंत्री रहते हुए पहला हस्ताक्षर मैं अपोलो अस्पताल के लिए धन एकत्रित करने के लिए करूंगा।'

प्रधान मंत्री इंदिरा गांधी उस बदलाव की झलक देख पा रहीं थीं जो डॉ. रेड्डी भारत में लाना चाहते थे, जब वह मरुथुर गोपालन रामचन्द्रन को अस्पताल में देखने के लिए चेन्नई यात्रा पर आईं। एम.जी.आर. तमिलनाडु के मुख्य मंत्री थे, जिनका शासनकाल 1977 से दिसंबर 1987 था।

'केवल हम दो (डॉ. प्रताप रेड्डी और प्रधानमंत्री इंदिरा गांधी) ही लिफ़्ट में थे। इंदिरा गांधी ने मुझ पर विश्वास किया और मुझे मौक़ा दिया।'

लेकिन अनुमतियों की आवश्यकता थी और प्रत्येक क्षेत्र में नियम पहले ही की तरह दमनकारी थे। पहली अनुमति चिकित्सीय उपकरणों को आयात करने हेतु थी और दूसरी कंपनी को शेयर बाज़ार में सूचीबद्ध कराने की।

जब प्रधानमंत्री ने सहमति दी, तो राज्य सरकार के साथ ही स्वास्थ्य सेवाओं के महानिदेशक और बाद में लगभग बारह विभिन्न सरकारी निकायों से भी सिफ़ारिश आना बाक़ी था। इसे बहुत थका देने वाला एवं नीरस कहना ही उचित होगा। डॉ. रेड्डी के लिये यह केवल लड़ाई का हिस्सा था, 'प्रत्येक गुरूवार मैं दिल्ली आता था और शुक्रवार या शनिवार को वापस जाता था। ऐसा मैंने तीन से छः महीने तक लगातार किया।'

डॉ. रेड्डी को बाज़ार से राशि एकत्रित करने के लिए भी अनुमति की आवश्यकता थी। बैंक अस्पतालों को ऋण नहीं दे सकते थे।

'मुंबई में जब मैंने लोगों से कहा कि मैं अपने शेयरों को सूचिबद्ध करना चाहता हूँ, तो वे हँसे।'

लोगों द्वारा उनकी योजनाओं पर हँसने एवं उनकी व्यंग्यात्मक टीका टिप्पणी के लिए डॉ. रेड्डी ने स्वयं को अभ्यस्त बना लिया। बहुत सारे लोगों से मिलने एवं बहुत-से दरवाज़े खटखटाने के बाद वह मुम्बई के एक व्यापारी से मिले जो अपोलो को सहायता देकर आगे बढ़ाने का इच्छुक था। 'मैं मुम्बई में एक दलाल से मिला। वह चेन्नई में मेरा कार्यालय देखना

चाहता था और मैं गैराज की छत पर बने एक कक्ष के कार्यालय में काम कर रहा था। मैं उसे घर लाया। यहाँ तक कि उसने व्यापारिक दस्तावेज़ पर हस्ताक्षर करने से पहले मेरे घर पर पानी तक नहीं पिया।'

अपोलो पहला स्वास्थ्य सेवा संबंधी मामला था जो शेयर-सूचि में आ रहा था। पहले ही दिन उसे 35-36 प्रतिशत अनुमोदन मिला था।

बैंकों को अस्पतालों के लिए ऋण देने की आज्ञा नहीं थी, डॉ. रेड्डी को पुनः सारी प्रक्रिया दोहरानी पड़ी। वह पुनः वित्त मंत्री आर. वेंकटरमण के पास गये, जिन्होंने डॉ. रेड्डी को सलाह दी कि वे भारत के औद्योगिक विकास बैंक के पास जाएं।

उसी समय भारतीय औद्योगिक विकास बैंक अधिनियम 1964 के अंतर्गत आई.डी.बी.आई का गठन, एक विकास वित्तीय संस्थान के रूप में हुआ था। इसे एक लोक वित्तीय संस्थान माना जाता था और यह लगभग 40 वर्षों से (2004 तक) डी.एफ़.आई. के रूप में सेवाएं दे रही थी।

भारतीय औद्योगिक बैंक ने कहा कि उनकी परियोजना अद्वितीय थी और वह इसे आर्थिक सहायता देना चाहते थे।

'वेंकटरमण चेन्नई घूमने आ रहे थे। उन्होंने मुझसे आठ बजे के आस-पास अनुमति के दस्तावेज़ पर हस्ताक्षर करने हेतु आने को कहा। किन्तु इसी बीच बैंकिग विभाग के किसी व्यक्ति ने अनुमति दस्तावेज़ पर लिख दिया कि इनको वित्तीय सहायता देने से यह परियोजना महाभियोग को बुलावा देगी। अतः वेंकटरमण ने किंकर्तव्य-विमूढ़ होकर मुझसे कहा, 'यह नहीं हो सकता... आप मुझसे इसी सप्ताह दिल्ली में मिलो।''

इसी दौरान, मंत्रिमंडल का पुनर्गठन हुआ और वेंकटरमण रक्षा मंत्री के पद पर आसीन हो गये और भारत के वर्तमान राष्ट्रपति प्रणव मुखर्जी ने वित्त मंत्री का पदभार संभाला।

मनमोहन सिंह उस समय रिज़र्व बैंक ऑफ़ इंडिया के उपराज्यपाल थे। सिंह 1982 और 1985 के बीच भारतीय रिज़र्व बैंक के राज्यपाल रहे।

डॉ. रेड्डी से कहा गया कि वे वित्त मंत्री के निर्णय लेने तक प्रतीक्षा

करें। बैंकिंग सचिन ने कहा, 'इंदिरा गांधी (प्रधानमंत्री) ने अनुमोदन दे दिया है देखते हैं वित्त मंत्री क्या कहते हैं।'

अनुमोदन का पत्र हाथ में आ गया, वित्त मंत्री ने बैंक से पचास प्रतिशत उधार लेने की आज्ञा अपोलो को दी और चिकित्सीय उपकरणों को आयात करने हेतु पचास प्रतिशत विदेशी विनिमय से लेने की।

किन्तु यहीं अन्त नहीं हुआ। डॉ. रेड्डी को रिज़र्व बैंक ऑफ़ इंडिया ऋण स्वीकृत करवाने के लिये जाना था। इसी बीच ऋण प्राधिकार पदाधिकारी बदल गये। उन्होंने कहा 'आपको अनुमति देने के लिए मैं विचार क्यों करूँ?' गवर्नर ने डॉ. रेड्डी को स्पष्ट किया कि वह ज़्यादा कुछ नहीं कर सकते, ऋण प्राधिकार पदाधिकारी को विशेष अधिकार प्राप्त हैं।

डॉ. रेड्डी अब पराजय के भाव को अपने ऊपर हावी होते देख चकरा रहे थे। वे हवाई अड्डे पर थे और चेन्नई वापस आ रहे थे। वे हतोत्साहित महसूस कर रहे थे, तभी वे हवाई अड्डे पर तत्कालीन नागरिक उड्डयन मंत्री ए.पी. शर्मा से टकराये।

'शर्मा ने मुझे तुरंत दिल्ली जाकर प्रणब मुखर्जी का द्वार खटखटाने की सलाह दी। रात के सवा ग्यारह बज रहे थे, जब हम मुखर्जी के घर पहुँच गये। मैंने प्रणव मुखर्जी से कहा : 'कल उपराज्यपाल दो सप्ताह के लिए जा रहे हैं। मेरी पूरी परियोजना पटरी से उतर जायेगी।' उन्होंने मुझसे कहा, यह काम हो जायेगा। और मुझसे रिज़र्व बैंक की इमारत में अगले दिन दोपहर बारह बजे में मिलने को कहा।'

रेड्डी पहली उडान भरकर मुम्बई पहुँच गये। मुम्बई में मानसून का मौसम था और बारिश ज़ोरों से हो रही थी, जिसकी वजह से डॉ. रेड्डी पैंतालीस मिनट देरी से पहुँचे। वह बारह बजकर पैंतालीस मिनट पर पहुँचे, और उन्होंने ऋण प्राधिकार पदाधिकारी की ओर देखा। उसने अपोलो के लिये बैंकों से एवं विदेशी विनिमय द्वारा धन एकत्रित करने हेतु अनुमोदन पत्रों पर आज्ञा देते हुए हस्ताक्षर कर दिये, और कहा, 'आप जानते हैं मैं यह क्यों कर रहा हूँ।'

अन्ततः डॉ. रेड्डी की नौकरशाही की परतें काटने और लाल फीता

शाही को पार करने की अग्नि परीक्षा, जो एक सपनों का अस्पताल बनाने के लिये थी, समाप्त हुई। जिस समय उनके दिमाग़ में भावनाओं का सैलाब आया हुआ था, उसी समय वित्त मंत्री का उनके पास फ़ोन आया और वह कह रहे थे 'आप 12 बजे वहाँ नहीं थे।'

कई बार ऐसे मौक़े आये जब डॉ. रेड्डी तंत्र की अक्षमता, आलोचना और नौकरशाही से दो चार हुए जिसके कारण उन्होंने सब कुछ छोड़ने का मन बना लिया था - उस समय से जब लगभग डेढ़ साल के लिए निमार्ण कार्य भूमि अनुमोदन के लिए रूका रहा तब मुम्बई के ज़मीनी कारोबार से जुड़े एक व्यक्ति ने अस्पताल की ज़मीन को दोगुनी राशि में ख़रीदने का प्रस्ताव डॉ. रेड्डी को दिया। पर डॉ. रेड्डी डटे रहे। उनके लिए अपोलो सिर्फ़ एक व्यापार नहीं था। उनको उनका उद्देश्य मिल गया था और इसके कारण ही वह सारी बाधाओं के चलते भी अपने उद्देश्य की पूर्ति में लगे रहे। उन्होंने हमेशा एक बड़ा सपना देखा और इन्हीं चुनौतियों के चलते वह बराबर अपने सपने को पालते रहे ताकि भारत को बेहतर स्वास्थ्य सुविधाएँ दे सकें।

उनकी यात्रा स्वप्न-निर्माण की यात्रा थी।

'मैंने कभी पीछे हटने के बारे में नहीं सोचा। यह किसी रास्ते का अंत नहीं था क्योंकि मैंने कभी कोई एक मार्ग नहीं चुना। यह एक सतत यात्रा है और मैं नहीं जानता कि यह यात्रा कहाँ जाकर रुकेगी।'

मैं असफल क्यों रहा

- मेरा सपना बहुत विशाल व अपने समय से आगे था।
- मैं सरकार-नियंत्रित क्षेत्र में प्राइवेट भागीदारी लाना चाहता था।
- नीतिगत अनिश्चितता और नौकरशाही के कारण अत्यधिक विलंब हुआ।

सलाह

- परिवर्तन को स्वीकार करो।
- दृढ संकल्पी, निरंतर काम करने वाले एवं कठोर परिश्रमी बनो।
- अपने सपने का पीछा करो।
- अपनी योजना पर विश्वास करो।
- आपके उद्योग में जो कुछ जानना आवश्यक हो, उन सब चीज़ों को जानो।

‘मैं लगभग एक महीने तक सदमे की स्थिति में था।’

सुनील अलघ

सुनील अलघ ब्रांडिंग और मार्केटिंग में भारत में सबसे ज़्यादा पहचाने जाने वाले नामों में से एक है। उन्होंने 1989 से 2003 के बीच ब्रिटैनिया इंडस्ट्रीज़ लिमिटेड के प्रबंध निदेशक और सी.ई.ओ. के रूप में चौदह साल व्यतीत किये। वह ब्रिटैनिया के कुछ सबसे यादगार अभियानों के लिये जाने जाते हैं, जिनमें 'अच्छा खाओ, बेहतर सोचो' एक है। अलघ की ब्रिटैनिया से खुली लड़ाई भारतीय व्यापार जगत में पहली ऊँचे रसूख वाली लड़ाई मानी जाती है। वह वर्तमान में 'वॉरबर्ग पिनकस एलएलसी' के सलाहकार, 'गति लिमिटेड' के स्वतंत्र अकार्यकारी निदेशक और 'तमारा कैपिटल एडवाइज़र्स प्रायवेट लिमिटेड के निदेशक के तौर पर सेवाएं दे रहे हैं। वह अखिल भारतीय प्रबंधन संघ के अध्यक्ष हैं और भारतीय प्रबंध संस्थान बैंगलोर की संचालन समिति में भी हैं। अलघ, एस.के.ए. एडवाइज़र्स के चेयरमैन भी हैं, जो उनके ही द्वारा स्थापित है। उनकी कहानी प्रवर्तकों और पेशेवर लोगों की लगातार जारी सतही लड़ाई की जादूई दास्तान है।

तुम्हें निकाला जाता है!

मुख्य कार्यकारी अधिकारियों को निकाला क्यों जाता है? अनुसंधान और सर्वेक्षण इस बारे में अनेक सिद्धांत और तर्क देते हैं जो लोकप्रिय मान्यताओं से एकदम विपरीत हैं। ऐसा हमेशा इसलिए नहीं होता क्योंकि त्रैमासिक लक्ष्य पूरा नहीं हो पाया या मुनाफ़े में कमी आयी हो।

लीडरशिपआईक्यू डॉट कॉम द्वारा 286 सार्वजनिक, निजी, व्यापारिक और स्वास्थ्य संगठनों के 1087 बोर्ड सदस्यों से लिये गये साक्षात्कार के आधार पर किया गया अध्ययन बताता है कि इस बात के अलग-अलग कारण हो सकते हैं, जिसमें अव्यवस्थित परिवर्तन, ग्राहकों की अवहेलना, जो कम काम कर रहे हैं उन्हें झेलते रहना, बात अधिक और काम कम करना, अस्वीकृति की स्थिति में रहना, ग़लत समाचारों को न पहचानना या फिर वास्तविकता से परे रहना शामिल है।

पश्चिमी जगत में, ख़ासतौर से अमेरीका में, निकाले जाने वाले मुख्य कार्यकारी अधिकारी या शीर्ष नेतृत्व, अपने निकाले जाने के कारणों के बारे में खुले रहते हैं। जबकि भारत में इस तरह का निकाला जाना गुप्त रखा जाता है। यह कभी कभार ही होता है कि भारतीय मुख्य कार्यकारी अधिकारी या शीर्ष नेतृत्व को सबके सामने कंपनी छोड़ने को कहा जाए। कम्पनियाँ इस बारे में उल्लेखनीय रूप से अस्पष्ट और राजनीतिक दृष्टि से सही रहतीं हैं और अद्भुत भारतीय मानसिकता विफलता का सार्वजनिक प्रदर्शन करने से रोकती है।

कितनी बार हमने सुना है कि किसी भारतीय सी.ई.ओ. ने अपनी विफलता को सार्वजनिक रूप से स्वीकारा हो? जब 'ग्रुपऑन' के सी.ई.ओ. एन्ड्रयु मेसन ने अपनी उस कंपनी से जिसे उन्होंने स्थापित किया था, निकाले जाने के कारण स्पष्ट करने के लिये कर्मचारियों को पत्र लिखा, तो वे बिल्कुल स्पष्ट एवं ईमानदार थे। उन्होंने लिखा 'वे जो मुझसे

अनुराग रखते हैं कृपया ऐसा न करें – मैं ग्रुपऑन से प्यार करता हूँ, और हमने जो कुछ भी साथ में किया है, उस पर मुझे गर्व है। मुझे यात्रा के इस भाग में विफल हो जाने का कोई मलाल नहीं है। यदि 'ग्रुपऑन' बैटलटोड्स वीडियो गेम की तरह था, तो मैं बग़ैर मरे हुए पहले ही खेल में टैरा ट्यूब्स चरण तक पहुँच गया था। मैं भाग्यशाली था कि मुझे मौक़ा मिला कि मैं कंपनी को आप सब के साथ इतनी आगे तक ला पाया। अब मैं दबाव हटाने के लिये कुछ समय लूँगा, (आपकी जानकारी के लिये, मैं ग्रुपऑन 40 को भुलाने के लिये एक कैम्प की तलाश में हूँ, क्या इस बारे में किसी के पास कोई सलाह है!) और उसके बाद मैं सोच पाऊँगा कि किस तरह इस अनुभव को किसी रचनात्मक काम में प्रयोग कर सकूँ।'

वह स्वीकार करते हैं कि ग्रुपऑन के फिसलने के लिये वे ज़िम्मेदार थे – जिस समय फ़रवरी 2013 में मेसन ने कंपनी को छोड़ा उस समय कंपनी के शेयर भाव लगभग एक चौथाई रह गये थे। जहाँ एक ओर मेसन के इस माफ़ी पत्र को, जो उन्होंने अपने कर्मचारियों को लिखा था, ईमानदारी के मानक के तौर पर सराहा गया, भारतीय व्यापार का माहौल इस तरह के माफ़ीनामों को स्वीकार करने से कोसों दूर था।

भारतीय कॉर्पोरेट संस्कृति की जड़ें वस्तुतः समाज में हैं जो सफलता को बहुत महत्त्व देता है और असफलता को बुरी तरह नकार देता है। ऐसा इसलिये है क्योंकि भारतीय समाज में हार और विफलता से जुड़े हुए कलंक की सार्वजनिक स्वीकारोक्ति बहुत कम देखने को मिलती है।

मैं ही क्यों?

भारत में कॉर्पोरेट लड़ाइयाँ कमोबेश बोर्डरूम तक ही सीमित हैं। इसलिये जब सुनील अलघ जैसे चमकदार और सफल व्यक्ति को, जो ब्रिटैनिया उद्योग के सी.ई.ओ. और प्रबंध निदेशक थे, स्पष्टता के साथ चले जाने के लिये कहा गया तो ये न सिर्फ़ स्वयं अलघ के लिए बल्कि विश्लेषकों, मीडिया जगत और सारे कॉर्पोरेट जगत के लिये सदमे की तरह था।

एक तो इसलिये कि इस तरह सी.ई.ओ. एवं प्रबंध निदेशकों को बहुत कम ही बाहर किया गया था, ख़ासतौर पर उस समय जब उन्होंने

अपनी ज़िंदगी का बहुत बड़ा हिस्सा कंपनी के साथ बिताया हो और कंपनी के आगे बढ़ने में महत्त्वपूर्ण योगदान दिया हो। दूसरा इसलिये कि भारत में प्रवर्तकों एवं कर्मचारियों के बीच शायद ही इतनी ज़बरदस्त लड़ाई हुई हो।

'मैं लगभग एक महिने तक सदमे की स्थिति में था' - अलघ कहते हैं। उनका 2003 में कंपनी से निकाला जाना कतई अच्छा नहीं था। यह एक कर्मचारी एवं एक विशाल व तेजी से बढ़ती उपभोक्ता सामग्री कंपनी के बीच की सार्वजनिक लड़ाई थी। यह अपने आप में पहली लड़ाई थी जो भारतीय कारोबार जगत में देखी गयी थी। सुनील अलघ ने अपने आपको उस कंपनी के प्रवर्तकों के ख़िलाफ खड़ा पाया जिनके साथ उन्होंने कई दशक बिताये थे।

एक कंपनी जिसके निर्माण में उन्होंने मदद की थी। यह भारत के एक बहुत पुराने व्यावसायिक घराने के खिलाफ़ एकल युद्ध था। वहाँ आरोप प्रत्यारोप थे। वहाँ जुनून और प्रतिबद्धता थी और आख़िर में विफलता का एक गहरा भाव था। विफलता इसलिए क्योंकि वे उसे आते हुए नहीं देख पाये, और यह मानने के लिये कि सपनों की दौड़ कभी ख़त्म नहीं होगी।

अलघ की बड़ी ब्रिटैनिया कुकी टुकड़े-टुकड़े हो गयी थी - यूं ही। उनका करियर ग्राफ़ शक्ति, ख्याति और सफलता से भरा हुआ था। ब्रिटैनिया उनके नेतृत्व में अत्यंत विश्वसनीय ब्रांड के साथ दूसरे पायदान पर आ गयी। अलघ के ग्राहकों के साथ अच्छे संबंध थे, ब्रिटैनिया को एक फलते-फूलते ब्रांड के रूप में स्थापित करने के पीछे वह बड़ी ताक़त थे। वर्णनात्मक संक्षिप्त उक्ति, 'स्वस्थ खाओ, बेहतर सोचो' अलघ की थी, वह कहते हैं। ब्रिटैनिया के अत्यंत सफल उत्पाद जैसे टाइगर, प्योर मैजिक, मारी भी बाज़ार में तभी आये जब अलघ कंपनी चला रहे थे।

अतः आवश्यक रूप से, अलघ ने कंपनी के लिये वह सब कुछ किया जो एक मुखिया को करना होता है। उन्होंने धन, बिक्री, विकास, नये विचार और ब्रांड के निर्माण में बढ़ोत्तरी की।

वह कहते हैं, 'प्रत्येक प्रवर्तक अपने प्रबंधक को इस तरह कंपनी

चलाना बताता है जैसे कि वह उसकी अपनी ही कंपनी हो।' अलघ ने बहुत अच्छा प्रदर्शन किया। जो अंततः उन्हें पतन तक ले गया।

कुछ ही सालों में वह ब्रिटैनिया का परिचित चेहरा बन गये। फ्रेंच कंपनी ग्रुप डैनोन एसए के साथ सौदा करने के पीछे वह बहुत बड़ी ताक़त थे, जिसने ब्रिटैनिया को अत्यंत प्रतिस्पर्धात्मक एवं भीड़ भरे एफ़.एम.सी. जी. बाज़ार में आगे बढ़ने में मदद दी।

अलघ एक ऐसे व्यक्तित्व के मालिक हैं जो आगे बढ़ने वाला, आक्रामक और लक्ष्य प्राप्ति हेतु बढ़ते जाने पर क़ायम रहते हैं। उन्होंने बड़े लक्ष्य निर्धारित किये और उन्हें पूरा भी किया।

वह कहते हैं 'यदि बाज़ार दस प्रतिशत बढ़ रहा है, तो हमें ग्यारह तक बढ़ना चाहिये, ऐसा मुझे लगता है।'

उन्होंने कंपनी के विकास के लिये जो कुछ किया, क्या उनके अधिकारीगण उससे खुश थे? शायद हाँ। किंतु अलघ ने ब्रांड को ज़्यादा से ज़्यादा विकसित किया, उन्होंने बहुत-सी मुश्किलों को पार किया। उन्होंने काम तो निकाल लिया, पर शायद बहुत सारे लोगों को अपने आप से अलग करते चले गये।

वित्तीय अनियमितताओं का आरोप लगाते हुए अलघ को कंपनी छोड़ने के लिए कहा गया, विशेष रूप से अलघ के व्यक्तिगत ख़र्चों से संबंधित आरोप थे। ब्रिटैनिया उद्योग ने स्टॉक एक्सचेंज को भी बता दिया कि 'प्रबंध निदेशक के रूप में, अलघ ने अनियमितता का आचरण किया है। अपने उन कर्तव्यों और दायित्वों की पूर्ति नहीं की जो कि उन्हें प्रबंध निदेशक के रूप में प्राप्त थे।'

'जब वे आपसे मिलना चाहते हैं तो वे आपके पास छोटी से छोटी चीज़ के लिये भी आयेंगे - यहाँ तक कि वे उन ज़रूरी तकनीकी चीज़ों या जानकारियों के लिए भी आयेंगे जो एक मुख्य कार्यकारी अधिकारी के दिमाग़ में चल रही होती हैं। किसी भी हाल में, सारे ख़र्चों का ऑडिट, आन्तरिक एवं बाह्य ऑडिटरों के द्वारा किया जाता है और उसकी रिपोर्ट बोर्ड को दी जाती है।' अलघ कंपनी से निकलने के नौ साल बाद, कहते हैं।

अलघ कहते हैं, जब उन्हें जाने के लिये कहा गया, उसके करीब एक साल पहले उन्हें कुछ तो आभास हो गया था कि कहीं कुछ ग़लत है। 2002 में वरिष्ठ उप संचालक, निखिल सेन को अध्यक्ष नुस्ली वाडिया द्वारा चीफ़ ऑपरेटिंग ऑफ़िसर के रूप में प्रतिष्ठित किया गया।

'मुझसे निचले पद वाले व्यक्ति को मेरा पद प्रस्तावित किया गया था। (यह अलघ को नौकरी से निकाल देने की योजना थी) और ऐसा नौ महीनों से चल रहा था। मैं जनवरी में समझ पाया।' मई 2003 में अलघ को कंपनी छोड़ने के लिए कहा गया।

'मैं इस पर भी चुप था, शांत था। एक ऐसे व्यक्ति की तरह जो अपने संबंधों को पुनः बनाने की ओर सोच रहा हो। वे लोग जिनके लिये मैंने इतना कुछ किया वे मुझे आपको क्यों नीचा दिखाना चाह रहे थे।'

क्या यह लालच था जिसके कारण अलघ का पतन हुआ। या फिर अलघ इतने बड़े हो गये थे कि वह प्रवर्तकों के लिए जलन का कारण बन गये थे।

अलघ कहते हैं कि यह दूसरा वाला कारण था जिसने उन्हें बेदखल कर दिया। उस समय पेशेवर सी.ई.ओ. की अवधारणा भारत के लिये ज़रा नयी थी। अधिकांश परिवार-नियंत्रित कंपनियाँ, परिवार के नियंत्रण में रहकर ही काम कर रही थीं। कभी-कभी मुख्य कार्यकारी अधिकारी के दृष्टिकोण और प्रवर्तक दोनों के बीच संबंध ख़राब हो जाते हैं, इसने भी शायद मुख्य कार्यकारी अधिकारी को कंपनी छोड़ने के लिये विवश किया।

मेरे सहयोगी बने

लगभग एक दशक के बाद, अलघ कहते हैं कि उनकी सबसे बड़ी सीख थी कि जब चीज़ें ग़लत दिशा की ओर जा रही हों, तब दूसरों पर दोषारोपण नहीं करना चाहिये।

'अन्ततः यह आपकी ही ग़लती है कि अपने इर्द-गिर्द घूम रहे मीर ज़फ़र जैसे लोगों पर आप विश्वास करते हैं। आपकी पीठ पर हमेशा उन्हीं

के द्वारा छुरी घोंपी जाती है जो आपके करीब होते हैं। दुश्मन आपको हमेशा सामने से मारता है और अक्सर आप इस बात के लिये तैयार भी रहते हैं।'

कंपनी छोड़ने के बाद एक माह का समय, गहराई से विचार करने एवं ख़ुद पर संदेह करने का था।

'मेरे पास थोड़ी-सी बचत थी, मुझे ग़लत तरीक़े से निकाला गया था और पूरा जीवन मेरे सामने पड़ा था - क्या मैं अवसाद ग्रस्त था!'

'यदि आपके पास कोई भी नहीं है, तो इसी तरह की घटना आपको बर्बाद कर सकती है।'

उनकी पत्नी, दो बेटियाँ और कुछ दोस्त थे जिन्होंने उन्हें सहारा दिया। एक माह की पीड़ा के बाद अलघ ने पुनः अपने पैरों पर खड़े होना प्रारंभ किया। उन्होंने अपने नेटवर्क में यह प्रचार किया कि वह जिस कंपनी के लिए काम करते थे उससे बाहर उन्होंने विस्तार कर लिया है, और उन्होंने स्वयं में भी शक्ति एवं ऊर्जा का प्रवाह किया।

'आप स्वयं को अपने साथ पाते हैं और निश्चय करते हैं कि आप इस तरह की घटना से स्वयं को नष्ट नहीं होने देंगे।'

जब अलघ की अखंडता पर प्रश्न चिन्ह लगाया जा रहा था, उनकी क्षमताओं को ब्रिटैनिया के प्रदर्शन द्वारा सिद्ध किया जा रहा था। जब उन्होंने बाहर अपना काम करना शुरू किया तो उनके पहले ग्राहकों में थी भारत की पहली बायोटेक्नोलॉजी कंपनी जो आज बायोकॉन के नाम से जानी जाती है। इसकी संस्थापक सुप्रसिद्धि किरण मजूमदार-शॉ ने अपनी कंपनी के लिए औषधि निर्माण के लिए रीटेल-आधारित ब्रांडिंग योजना बनाने हेतु अलघ से मुलाक़ात की।

बायोकॉन के बाद बड़ी ग्लोबल कंपनियों वॉरबर्ग पिनकस एवं ऐक्टिस ने अलग से संपर्क किया। उन्होंने अलघ की विशेष योग्यता का मार्केटिंग एवं ब्रांडिंग में प्रयोग किया। एफ़.एम.सी.जी. में 30 साल व्यतीत करने के बाद वित्तीय उत्पादों एवं सेवाओं की मार्केटिंग उनके लिए बिल्कुल नया अनुभव था। किन्तु इस चीज़ ने उन्हें रोका नहीं - उनका आत्म-विश्वास

थोड़ा डगमगाया, पर अब भी वह अपनी ताक़त एवं कमज़ोरियों को लेकर जागरूक थे।

उनका उत्साह वापस लौट आया जब उन्हें अवसरों की प्राप्ति हुई और उन्हें लगा कि वे उनकी उपयोगिता बढ़ा सकते हैं।

'मेरी कमज़ोरी थी मेरा लोगों पर विश्वास करना। आपका काम आपकी ताक़त है। और आपके सहकर्मी या ग्राहक आपके सहयोगी हो सकते हैं लेकिन वे आपका परिवार नहीं हो सकते, यह मेरे लिए सीख थी।'

यह प्रारंभिक सुअवसर थे जो बायोकॉन, वॉरबर्ग पिनकस और ऐक्टिस द्वारा दिये गये थे जिनकी वजह से उनमें पुनः विश्वास जागा और उन्होंने एक और शुरुआत की। सीख मिलने के बाद, अलघ कहते हैं कि उन्होंने ब्रिटैनिया पाँच साल पहले ही छोड़ दी होती। तब से वह आगे ही बढ़े हैं, अपनी सबसे बड़ी असफलता और शायद अपने करियर की सबसे बड़ी सफलता के साथ। अलघ वर्तमान में एस.के.ए. एडवाज़र्स, एक ऐसी कंपनी जो मार्केटिंग और ब्रांडिंग से संबंधित है, के संस्थापक एवं चेयरमैन हैं।

मैं असफल क्यों रहा

- मैंने कंपनी को अपनी मानकर चलाया।
- ब्रिटैनिया को लेकर मेरे अच्छे विचार थे। यदि ऐसा बुरा बर्ताव मेरे साथ हुआ, तो यह किसी के भी साथ हो सकता है। आपसे कहा जाता है कि कंपनी को अपना मानकर चलाओ, और जब आप ऐसा करते हैं, तो यह कई लोगों को रास नहीं आता।

सलाह

- अपनी सेवानिवृत्ति या काम छोड़ने की योजना पहले से ही बना लें।
- सेवा निवृत्ति या काम छोड़ने के पाँच वर्ष पहले ही अपना वित्तीय लेखा-जोखा व्यवस्थिति कर लें।
- अपने प्रदर्शन एवं साख के आधार पर नेटवर्क का विस्तार करो, जिसकी आवश्यकता आपको ख़राब समय में पड़ सकती है। अकेला नेटवर्क ही ज़्यादा उपयोगी नहीं होता।
- किसी भी संगठन में आपकी प्रेरणा एवं समर्पण के स्तर का पुनः निर्धारण करते रहो और हमेशा नये अवसरों/लक्ष्यों की इच्छा रखो। आपके जीवन में आने वाले अप्रत्याशित परिवर्तनों का सामना करने में यह आपको साहस देगा। अक्सर यह परिवर्तन आपकी भलाई के लिये ही होते हैं।

‘लेकिन मैं जानता हूँ कि मैं वापस आऊँगा, सुभाष घई बिना वह बने नहीं मरेगा जो वह बनना चाहता है।’

सुभाष घई

सुभाष घई या 'पंजाब विश्वविद्यालय का हीरो,' पहले फ़िल्म निर्माता हैं, जिन्होंने फ़िल्म निर्माण को कॉर्पोरेट क्षेत्र से जोड़ा और साथ ही फ़िल्म–शिक्षा के क्षेत्र में आगे बढ़ने वाले पहले व्यक्ति हैं। जब वह दस साल के थे, तभी से कहानी सुनाया करते थे। सिनेमा के लिये उनका जुनून कई शैलियों में प्रस्तुत हुआ है। *खलनायक, परदेस, सौदागर, कालीचरण* जैसी बेहद सफल फ़िल्मों को बनाने वाला व्यक्ति, अपने फ़िल्म स्कूल, विस्लिंग वुड्स इंटरनैशनल के माध्यम से कला तथा फ़िल्म निर्माण में शिक्षा के नए मानक स्थापित करने की आशा करता है।

जब दूसरे आप पर विश्वास न करें, तो स्वयं पर विश्वास रखें

'मैं पिछले दशक के सुभाष घई से नफ़रत करता हूँ,' सुप्रसिद्ध फ़िल्म निर्माता घई कहते हैं। वह पहले व्यक्ति हैं जिन्होंने भारत में फ़िल्म निर्माण को उनकी कंपनी 'मुक्ता आर्ट्स' की वेबसाइट के ज़रिये कॉर्पोरेट जगत से जोड़ा। भारतीय सिनेमा में तीस साल बिताने और बॉलीवुड को लोकप्रिय फ़िल्में देने के बाद, घई आज मार्मिक, थके हुए एवं युद्ध से भागे हुए जैसा महसूस करते हैं। यह असफलता के साथ किया गया प्रयास है। उनका जीवन वृत्तांत और सुभाष घई द्वारा बतायी गयीं अनेकों असफलताएँ एवं पुरानी यादें किसी फ़िल्म की एक प्रेरणादायक पटकथा हो सकती हैं, मैंने उन्हें बताया।

'वे ईमानदारी एवं खुलेपन से बताते हैं कि 'वह असफल क्यों हुए।' घई कहते हैं, प्रत्येक असफलता ने उनकी भावनाओं एवं दिमाग़ पर गहरा प्रभाव छोड़ा है और प्रत्येक बार अनुभव करने एवं सीखने की प्रक्रिया बहुत पीड़ादायक एवं धीमी थी।'

कभी-कभी जीवन की परिस्थितियों, उनकी अपनी महत्त्वाकांक्षा, अतिआशावादिता और प्रेम ने उन्हें असफल बनाया। पर हर बार, घई और ज़्यादा होशियार, कुशाग्र, मज़बूत और जागरुक होकर वापस आये।

'मैं जब भी कभी असफल रहा, मैंने अनुभव किया कि मुझे पूरी तरह से कोने में ढकेल दिया गया है। जब आप गिरते हैं, तो पहला काम होता है उठकर खड़े होना, बशर्ते कि आप मरे नहीं हों। आप खड़े होते हैं, आप ख़ुद को संभालते हैं और फिर आप मुड़ते हैं। यह क्षण आपको बहुत कुछ सिखा जाता है। आपका गिरना आपको एक नयी तरह की सोच देता है, एक नयी तरह की शक्ति देता है।'

यह वही शक्ति थी, जिसकी वजह से सुभाष घई अथक रूप से तीस वर्षों तक काम कर सके। भारत के पहले शोमैन सिनेमा में अपना भाग्य आज़माने के लिये मुंबई रवाना होने तक स्वयं को अकेला महसूस कर रहे थे।

उनका अपना घर न होने की वजह से, उन्हें बचपन में अक्सर रिश्तेदारों के परिवारों के साथ इधर-उधर रहना पड़ता था। उनके माता-पिता का तलाक़ हो गया था और इसका मतलब था कि घई को अब सहायता और सुविधा के लिये उनके अन्य विस्तृत परिवारों पर आश्रित रहना था। पर जैसा घई अपने बचपन के बारे में बताते हैं, जिसका उन्होंने कभी अनुभव नहीं किया, उनकी आशावादिता क़ायम रही, उन्होंने गहरे काले बादलों में इंद्रधनुष देखने का विकल्प चुना : 'मुझे इस घर से उस घर ले जाया गया। पर मैंने उस ईश्वर को धन्यवाद दिया, कि मैं एक ही माता-पिता की संतान बनकर नहीं रहा। मेरे सभी रिश्तेदारों ने मुझे आगे बढ़ाया, मैंने कई परिवारों के साथ अपना समय व्यतीत किया। यदि मैं एक ही परिवार में बड़ा हुआ होता, तो मैं अपने माता-पिता की ही तरह होता। मेरी पूरी परवरिश में बहुत विविधता है। मेरी परवरिश हेतु कोई भी मूल्य निर्धारित नहीं थे और जिसका असर मेरी फ़िल्मों में भी हमेशा दिखता आया है।'

घई की स्वच्छंदता एवं उनके जीवन के अनुभवों का प्रतिबिम्ब उनके सिनेमा में झलकता है। उनका बचपन उनकी उम्र वाले बच्चों से बिल्कुल अलग था : वह स्थायी सुविधाओं के साथ बड़े नहीं हुए, इसके अतिरिक्त उनका बचपन एकाकी और अनिश्चित था और शायद असुरक्षा की भावना घर कर गयी थी। एक गहरा शून्य था, जो उनके लिये भी उतना ही स्पष्ट था, जितना दूसरों के लिये था और उन्होंने इस शून्य को भरने के लिये सारे प्रयास किये।

'मेरा एक बिखरा हुआ परिवार था, अपने दिमाग़ में मैंने स्वयं को एक असफल बालक के रूप में देखा।'

लेकिन उनके शोक से तुरन्त उबर आने में समर्थ होने, जीवन के प्रति प्यार और जोख़िम ने उन्हें स्वयं पर तरस खाने वाले मार्ग पर चलने से रोका। उनका बचपन कुछ पाने से संबंधित था, न कि विचारमग्न रहने से। यहाँ तक कि छुट्टी के दिनों में जब हर बच्चे को छात्रावास से दो महीने के लिये घर जाना होता था और केवल वही एक ऐसे बच्चे थे जो पहरेदार और खानसामे के साथ बाद में बचते थे, तब भी उन्होंने स्वयं

को कभी असुरक्षित महसूस नहीं किया। यह एकाकीपन एवं अकेलेपन का वह लंबा समय था, जिसमें घई एक लेखक, एक कहानीकार के रूप में विकसित हुए। यही वह समय था, जिसने घई को आन्तरिक रूप से मज़बूत होने में सहायता की, उन्हें बॉलीवुड में असफलता के दौर से गुज़रने के लिये तैयार किया - बॉलीवुड ऐसा उद्योग है, जो विशेष रूप से बाहरी लोगों के लिये कठिनाईयों से भरा है, और घई एक चार्टर्ड अकाउंटेंट के पुत्र, बाहरी व्यक्ति थे।

'जब मैं छात्रावास में अकेला था, मैंने इस अवसर का लाभ स्वयं में लगातार विकास करके उठाया। मैंने गाना गाया, नाटक करना शुरू कर दिया। मैं छात्रावास का हीरो बन गया। 'पंजाब विश्वविद्यालय का हीरो' मैं एक अव्वल दर्जे का नाटककार बन गया। मैंने रचनात्मकता में अपनी पूरी ऊर्जा लगा दी। मैंने नाटक और कहानियाँ लिखीं। मैं उसी क्षेत्र के बच्चों को इकट्ठा करता और संगीत बनाता। मैंने शास्त्रीय संगीत सीखा। मैंने सोचा कि कैसे कोई मुझ पर दया दिखा सकता है। मैंने हर असफलता को प्रयोग में लाया, अपने लाभ के लिये हर खाली जगह को भरा। मैं जब अकेला था, तब भी मैं नायक था।'

घई नाटक, रंगमंच और संगीत में बहुत अच्छे थे - जब वे नाटक का निर्देशन कर रहे होते, या गाना गा रहे होते या संगीत बना रहे होते तो वह स्वयं को पूरी तरह से जीवित और तृप्त महसूस करते थे।

फ़िल्म निर्माण को एक करियर के रूप में नहीं देखा जाता था। घई से यह अपेक्षा की जाती थी कि वे अपने पापा के पदचिन्हों पर चल के अपना जीवन संख्याओं के बीच रहकर गुज़ार दें।

'जब मैंने बी.कॉम. उत्तीर्ण कर लिया, तब एक दिन मेरे पापा ने मुझसे सी.ए. बनने को कहा। मैंने उन्हें बताया कि मैं सिनेमा से जुड़ना चाहता हूँ। मेरे पापा ने हमेशा यह विश्वास किया, कि मैं किसी काबिल नहीं था। उन्होंने हमेशा मुझे एक विफल व्यक्ति के रूप में देखा। मैंने उन्हें स्कूल और कॉलेज में मिली सफलता के बारे में कभी नहीं बताया। मैंने उन्हें यही सोचने दिया कि मैं किसी लायक नहीं था। उन्होंने मुझे सदमा देते हुए कहा कि एफ़.टी.आई.आई. (फ़िल्म ऐंड टेलिविज़न इंस्टिट्यूट

ऑफ़ इंडिया के बारे में बताया, जो कि देश का सबसे बड़ा और पुराना फ़िल्म अध्ययन केन्द्र था) का विज्ञापन समाचारपत्र में है और मुझे वहाँ जाकर प्रशिक्षण लेना चाहिए। और कहा कि जब तुम विफल हो जाओ तो वापस आ जाना।'

बाद में घई ने देखा कि उनके कॉलेज के प्रिंसिपल ने उन में विश्वास दिखाया और उन्होंने उनके पिता को मना लिया।

प्रधानाचार्य ने मेरे पापा को बताया, कि 'सुभाष की योग्यता को बेकार मत करिये।' यह वह बातचीत का दौर था, जिसने घई की नियति निर्धारित कर दी। उनका एफ़.टी.आई.आई. में बिताया हुआ समय स्वयं की खोज का, सीखने का एवं आत्मसात करने का था। यहाँ उन्होंने अनुभव किया कि वह भी कुछ करके सफल हो सकते हैं।

'एफ़.टी.आई.आई. में मेरी सोच का विस्तार हुआ। मैंने सदैव यह विश्वास किया है कि कभी भी अध्यापक नहीं सिखाता, बल्कि छात्र है, जो सीखता है।'

एक बार फिर, उनके आत्मविश्वास पर पुनः प्रश्नचिन्ह लग गया, जब उन्होंने अपनी दूसरी यात्रा, फ़िल्म निर्माता के रूप में शुरू की। उन्होंने एफ़.टी.आई.आई. में दस हज़ार विद्यार्थियों में से शीर्ष तीन के भीतर रहते हुए अभिनेता के रूप में वह स्नातक हो गये। शीर्ष के तीन लोगों में से एक, बहुत आकर्षक, भारतीय सिनेमा के पहले सितारे, राजेश खन्ना उनके साथ थे।

पाँच सालों का बुरा समय

घई को पहला मौक़ा मिलने में लगभग पाँच वर्ष लग गये। जब घई इस उद्योग में राजेश खन्ना के साथ आये, तो वे एक अभिनेता बनना चाहते थे। उनके उत्कृष्ट अभिनय के बारे में संदेह की कोई गुंजाइश नहीं थी, पर अन्य कई मामलों की तरह, घई के लिये चीज़ें योजना के अनुसार नहीं हुईं।

एफ़.टी.आई.आई. ने घई को आत्म-विश्वास और हुनर दिया, पर

कोई भी महाविद्यालय या शैक्षणिक संस्थान आपको इस बात के लिये तैयार नहीं करता, कि आप लगातार असफलता की स्थिति को झेल पाएँ। और यह हतोत्साहित करने वाली बात है कि जब आप जानते हैं, जो आपने सोचा हुआ है उसे पूरा करने की आपमें योग्यता है और आप विफल हो जाते हैं।

पर, जैसा कि उन्होंने अनुभव किया, शायद किसी लड़ाई में योग्यता 30 प्रतिशत है, बाकी बचा सब आपका दृष्टिकोण है और लोगों को अपने साथ लेकर चलने की क्षमता पर निर्भर है। चमकने योग्य बनना है, लेकिन डरना नहीं है। यह एक तनी हुई रस्सी पर चलने जैसा है, जहाँ बहुत-से ऐसे व्यक्ति हैं जो उस पर चलते समय संतुलन न बना पाने की स्थिति में गिर जाते हैं। घई ने अपनी अभिनय क्षमता को सिद्ध किया, फिर भी एक के बाद एक फ़िल्म उनके एफ़.टी.आई.आई. में सहपाठी रहे राजेश खन्ना को मिलती गयीं।

यह असफलता का दौर था, लेकिन मैंने अपनी क्षमताओं पर संदेह नहीं किया। मैं जानता था, कि मुझे और बहुत कुछ सीखना बाकी है। मैंने सीखा, कि मुझे लोगों से संबंध बनाने होंगे और उनके साथ रहना होगा। मैं अकेला नहीं रह सकता था। मैं अपनी योग्यता के दस्तावेज़ लेकर दर-दर भटकता रहा। एक निर्माता ने मुझसे कहा, कि मैं अपना डिप्लोमा फाड़ कर फेंक दूँ। उन्होंने कहा कि 'अभिनेता प्रशिक्षित नहीं किये जाते, जन्मजात होते हैं।'

'मैं पैदाइशी अभिनेता भी था, प्रशिक्षित भी था। फिर समस्या क्या है?' घई निर्माता से पूछना चाहते थे।

तब वह इक्कीस वर्ष के थे, और अपने जीवन भर के सपने को पूरा करने के बहुत करीब थे। तब तक, शायद अभिनय एक सपने से भी बड़ा बन चुका था, एक महत्त्वाकांक्षा का रूप ले चुका था। यह उनका प्यार था।

उमेर हक़, स्वास मीडिया लैब्स के निदेशक और *बेटरनेस : इकोनॉमिक्स फ़ॉर ह्यूमन्स ऐण्ड द न्यू कैपिटलिस्ट मेनीफ़ेस्टो : विल्डिंग अ डिस्रपटिवली बेटर बिज़नेस* पुस्तक के लेखक ने अक्टूबर 2012 में प्रेम

और जीवन का उद्देश्य पाने के विषय पर हार्वर्ड बिज़नेस रिव्यू के ब्लॉग पोस्ट में लिखा था – 'प्यार के लिये भरपूर अशांत रहो। प्रयोजन भी एक प्रकार का प्यार है। यह व्यक्ति और दुनिया के बीच की खाई पर पुल का काम करता है। फिर भी हर मोड़ पर हमारे हिमखण्ड की भांति शिथिल मस्तिष्क में, हमें प्यार शब्द का इस्तेमाल करने पर हतोत्साहित किया जाता है, हाँ जब हमें ग्राहकों को ध्यान में रखते हुए, जैसे हीरे बेचने हों, चीज़-बर्गर बेचना हो या कोई विशेष वाहन बेचने हों, तो बात कुछ और होती है। इसलिये हम इस बात के लिये निम्न दर्जे के तत्त्वों का इस्तेमाल करते हैं, जबकि मैं बात कर रहा हूँ 'जुनून' या 'सपनों' या 'ज़िंदगी में मरने से पहले करने वाले कामों की सूची' की।'

'उद्देश्य ही प्रेम है, वैसा छोटा प्रेम नहीं, जैसा मैं करता हूँ, पर एक बड़ा रिश्ता, जो ज़िन्दगी बयान करता हो – पहले आपके और आपके संपूर्ण, सच्चे और योग्य आत्म के बीच, उसके बाद आपके और दुनिया के बीच। और जब तक आप अलगाव के अपने खोल को ओढ़े रहते हैं, तब तक आप मानवीय आत्मा के निर्जीव रूप से जुड़े रहते हैं।'

घई का प्रेम बड़ा था। अभिनय और फ़िल्मों ने उनमें और उनके श्रेष्ठ और सच्चे आत्म और बाकी दुनिया के बीच अन्तर को पाटने का काम किया। वह अपने अभिनय के माध्यम से उस दुनिया को समझ पाये, जिसे वह प्यार करने आये थे। यह उनके स्वयं के लिये आकाश खोजने एवं एक नई दुनिया खोजने जैसा था।

'मैं पाँच वर्षों से संघर्ष कर रहा था, मैं दिल्ली वापस नहीं जाना चाहता था। मैंने जाना कि यदि मैं योग्य हूँ, तभी मैं चल पाऊँगा। मुझे इस उद्योग के माहौल को सीखने की ज़रूरत थी। सहायक निदेशक और निर्माता मेरे गुरु बन चुके थे। मुझे उनके साथ शराब पीनी पड़ती थी। मेरे लिये यह संघर्ष का समय था। मैंने इससे पहले कभी शराब नहीं पी थी और मेरे लिये पीना शुरू करना एक बहुत मुश्किल काम था।'

इसके बाद जो हुआ, वह एक विपत्ति भरा समय था। घई के लिये दरवाज़े बंद हो जाते थे या कभी खुलते ही नहीं थे। वह उस दिन को याद करते हैं जब वे किसी निर्माता से मिलने एक स्टूडियो गये : 'दरबान ने

मुझे अन्दर नहीं जाने दिया। उसने मुझसे पूछा मैं स्टूडियो में किसे जानता हूँ, मैं किसी को नहीं जानता था, मुझे वापस आना पड़ा।'

हमेशा से एकाकी, घई के साथ कोई मित्र, कोई संरक्षक, कोई साथी नहीं था, जिससे वह बात करते। उनका एकमात्र सहारा प्रेरणादायक किताबें थीं। मैं सोचता था मैं विफल हूँ, मुझे इन किताबों से सीखना चाहिए। उन किताबों ने मेरी बहुत सहायता की।

अपनी क्षमता का पूरा इस्तेमाल

घई अन्ततः अभिनेता के रूप में कुछ भूमिकाएँ प्राप्त करने में कामयाब हो गये, किन्तु तब उन्होंने अनुभव किया, कि यह सब कुछ वह नहीं था जिसे पाने का वह संघर्ष कर रहे थे और यह उन्हें बहुत लंबे समय तक बाँधे नहीं रख सकता था।

'चीज़ें घटित भी हो रही थीं और नहीं भी घट रही थी। और मुझे अहसास हुआ कि मैं खुश नहीं था, मैं थक गया था।'

उन्होंने जाना कि उन्हें कुछ और भी करना है, अपनी योग्यता बढ़ाना है और विकास और प्रयास की संपूर्ण संभावनाओं में स्वयं को झोंक देना है। 'जब मैं अभिनय में नहीं चला, तो मैंने स्वयं को पुनः खोजा। मैंने लेखन कार्य प्रारंभ किया। कभी-कभी मैं अहं की भावना की जकड़ में आया और भूल गया, कि राहें और भी हैं। जिस कार्यक्षेत्र में आप अच्छे हैं, जीवन भी आपको उसी जगह ले जाता है। अपने गुणों के विपरीत आपको प्रयत्न नहीं करना चाहिए।

उन्होंने अपनी पूरी ऊर्जा लेखन में लगा देने का निश्चय किया और एक साल में अपनी छः कहानियाँ एक निर्माता को बेच दीं। पर वे सारी छः फ़िल्में असफल रहीं। घई को एफ़.टी.आई.आई. से निकले हुए पाँच वर्ष हो गये (1973 से 1977 के बीच का समय)।

उन्होंने मेरी कहानी ली, लेकिन मुझे निर्देशन नहीं करने दिया। अतः मैं लेखक के रूप में विफल हो गया। 'तुम्हारी कहानी तो चलती नहीं है।'

घई की एक हिट फ़िल्म की कहानी, *कालीचरण* को कई बार

अस्वीकृत कर दिया गया था, जबकि उनकी अन्य कहानियाँ निर्माताओं द्वारा ले ली गयी थीं। यहाँ तक कि घई के दोस्त अभिनेता शत्रुघ्न सिन्हा द्वारा भी *कालीचरण* को अस्वीकृत कर दिया गया था। जबकि यह कहानी उन्हीं के लिये लिखी गयी थी। अन्ततः अनुभवी निर्माता रमेश सिप्पी ने कहानी पसंद की और घई से इस फ़िल्म का निर्देशन करने के लिये कहा।

अवसर आपके पास तब आते हैं, जब आप यह सोचते हैं कि आप तो इसके लिये बिल्कुल तैयार नहीं थे

घई ने अभिनेता के रूप में प्रशिक्षण लिया था और उन्हें संपादन या कैमरे का कोई ज्ञान नहीं था। 'मैं एक असफल अभिनेता था और मैं नहीं जानता था कि कैमरा कैसे उपयोग में लाया जाता है या संपादन की मौलिक बातें क्या हैं, पर मैंने कैमरामैन को विश्वास में लिया और उसी से सीखा।'

कालीचरण घई को परिभाषित करने वाली फ़िल्म थी। यह बेहद सफल रही और इसकी सफलता ने घई को निर्देशक के रूप में स्थापित किया। यद्यपि खेल जगत की ही तरह, मनोरंजन की दुनिया में भी सफलता पलक झपकते हीं आती है और जाती है।

'दो सफल फ़िल्में देने के बाद मेरी फ़िल्म *क्रोधी* असफल रही और कोई भी सितारा मेरे साथ काम नहीं करना चाहता था। एक निर्माता ने मुझे अनुबंधित किया था, पर उसने कहा कि वह मुझे तभी काम करने देगा जब फ़िल्म में बड़े सितारें होंगे। यदि वे तुम्हारे साथ काम नहीं करेंगे, तो यह मुश्किल हो जायेगा।'

मैंने उनसे पूछा कि निर्माता सितारों पर क्यों आश्रित हैं, इसका मतलब हुआ, अच्छी कहानियाँ काम नहीं करती हैं। मैंने ऐसी कहानी लिखी जिसमें मुख्य सितारों की आवश्यकता नहीं थी। मैंने उन्हें *विधाता* की कहानी सुनायी, जिसमें एक पुराने अभिनेता और एक नये युवा चेहरे की ज़रूरत थी। फ़िल्म में दिलीप कुमार थे और यह संजय दत्त की फ़िल्मी यात्रा की शुरुआत थी।

फ़िल्म *विधाता* 75 हफ़्ते तक चली, असफलता अब एक शोमैन में

परिवर्तित हो गयी। घई ने एक के बाद एक कई महत्त्वपूर्ण एवं लोकप्रिय फ़िल्में दी, फ़िल्मों की कड़ियों में शामिल थीं, *कर्मा, सौदागर, खलनायक,* जिन्होंने उनकी स्थिति को सफल निर्देशक के रूप में स्थापित कर दिया था और तभी फ़िल्म *त्रिमूर्ति* आयी, दर्शकों ने इसे अस्वीकृत कर दिया। फ़िल्म बुरी तरह से असफल हुई और घई की निर्देशक के रूप में योग्यता पर फिर एक बार प्रश्नचिन्ह लग गया।

सफलता को असफलता की तरह ही लें

'मैं *क्रोधी* की असफलता के बाद गंभीर हो गया था, पर *त्रिमूर्ति* के बाद मैं वास्तव में हँस रहा था। मैंने एक महिला के जीवन पर फ़िल्म बनाने का निश्चय किया, क्योंकि मैं एक ऐक्शन फ़िल्मों के निर्देशक के रूप में ही पहचाना जाता था।'

फिर *परदेस* आयी, जिसने पुनः पैसों की बारिश की। पर घई आगे बढ़ने के लिये तैयार थे।

'मैं लोकप्रियता से ऊब गया, वह कहते हैं, यह वह समय था जब वह अपने विद्यार्थी जीवन के अनुभवों की पुनः यात्रा कर रहे थे। वह प्रतिदिन देश भर के विभिन्न भागों के बच्चों से मिले, जिनका वही सपना था जो उनके पहली बार मुंबई आने के समय था। उन्होंने बॉलीवुड में एक बेहतरीन फ़िल्म स्कूल के निर्माण का निश्चय किया। निर्माताओं और निर्देशकों ने मुंबई में स्टूडियो बनाये हुए थे, पर ऐसा कोई संस्थान नहीं था जहाँ फ़िल्मों की शिक्षा दी जाती हो।'

'जब मैंने विभिन्न राज्यों के बच्चों से मिलना प्रारंभ किया, उन्होंने मुझसे काम के लिये पूछा और मुझे अपने संघर्ष के प्रारंभिक दिन याद आ गये। मैं अक्सर स्वयं से पूछता, मैं यह कैसे जान सकता हूँ कि वह योग्य है, या नहीं है। मैं एक बिल्कुल अलग तरह का अनोखा संस्थान खोलना चाहता था।'

यह किसी भी फ़िल्म निर्माता के लिये एक व्यापक योजना थी। घई ने दोष निकालने पर ध्यान नहीं दिया और उन्होंने अपने शिक्षा के प्रति

जुनून की ओर रूख किया। उन्होंने अपने निर्माण संस्थान को एक कॉर्पोरेट कंपनी में परिवर्तित कर दिया और धन एकत्रित किया। घई ऐसे पहले फ़िल्म निर्माता हैं जो निर्माण संस्थान के साथ कॉर्पोरेट हो गये। अब मुक्ता आर्टस कंपनी एक प्राइवेट लिमिटेड कंपनी बन गयी।

'सिनेमा के 100 वर्षों के सफ़र के बाद, किसी को तो मुंबई में एक फ़िल्म अध्ययन केन्द्र खोलना था। मैं पूरी दुनिया घूमा, मैंने खोज की कि नये पाठ्यक्रम की रूपरेखा क्या होगी, जो भविष्य के लिये भी लाभकारी हो, मैंने एन.सी.ई.आर.टी. और विश्वविद्यालय अनुदान आयोग के सामने अपनी शिक्षा को हारने नहीं दिया।'

घई के लगभग बीस करोड़ रुपये लग गये थे, जब सरकार के साथ कुछ चीज़ें गड़बड़ हो गयीं। कुछ सालों बाद, सरकार ने घई को प्राप्त अनुमोदन की वैधता पर प्रश्न उठाया। 'मैं फँस गया था, किन्तु मुझे अपना अस्तित्व बनाये रखना था।'

अब तक उन्होंने लगभग 80 करोड़ रुपये इस परियोजना में लगा दिये थे। उनके पूरे जीवन की बचत विस्लिंग वुड्स इंटरनैशनल को खड़ा करने में लग गयी। जीवन भर की उपलब्धियों एवं कार्य के सफलतापूर्वक संपन्न होने के बाद, घई संतुष्ट महसूस नहीं करते। वह चिन्तित हैं। 'अन्त में मुझमें असफल होने का भाव घर कर रहा है। मैंने इसके लिये अपने फ़िल्मी करियर को एक तरफ़ रख दिया था। मैं उस पर ध्यान नहीं दे पाया। यदि चीज़ें अपने सुनियोजित ढंग से चल रही होतीं, तो हमारी कंपनी की कीमत 500 करोड़ रुपये होती, लेकिन इस घटना ने मुझमें जीने की समझ को बढ़ा दिया।'

'मैं आज भी 3 बीएचके वाले घर में रहता हूँ और मैंने एक कैंपस बनाया है। लोगों ने मुझसे पूछा, कि आपने ऐसा क्यों किया, आपने अपना पूरा धन इसमें क्यों लगा दिया? क्या किसी फ़िल्म निर्माता ने कोई फ़िल्म संस्थान बनाया? क्या वे सब मूर्ख थे? आपने *ताल* बनाने तक बहुत पैसा अर्जित किया। दस साल बाद सरकार (विस्लिंग वुड्स इंटरनैशनल) वापस लेना चाहती है। न्यायालय ने आपसे कहा, कि यह आपकी नहीं है। लेकिन मैं जानता हूँ मैं वापस आऊंगा। मैं केवल एक चीज़ जानता हूँ : सुभाष

घई बिना वह बने नहीं मरेगा, जो वह बनना चाहता है।'

शोमैन अपनी वापसी के लिये मंच तैयार कर रहा है, और वो एक बार फिर खड़े होने की कोशिश कर रहा है।

मैं असफल क्यों हुआ

- मैंने ग़लत चीज़ें पाने की इच्छा की, जो मुझमें उत्साह भरने में असफल रहीं।
- मुझे अपनी पूरी क्षमता का अहसास करने में कुछ समय लगा।
- मेरा दृष्टिकोण काल्पनिक था क्योंकि मैंने अपनी जीवन भर की बचत एवं ऊर्जा को एक ही परियोजना में लगा दिया।

सलाह

- अपनी आन्तरिक शक्ति को बढ़ाओ
- नुकसानदायक स्थितियों में भी लाभ हो सकते हैं।
- अपनी सफलताओं से सीखने की गुंजाइश रखो।
- आप जो भी करते हैं, उससे प्यार करें। प्यार के मुक़ाबले जोश में आधी ताक़त भी नहीं होती।

‘कभी-कभी जीवन उस रास्ते नहीं चलता जैसा आप चाहते हैं।’

अजीत गुलाबचन्द

अजीत गुलाबचन्द अपनी बेन्टले फ़ैन्टम और अपने कपड़े पहनने के अलग अंदाज़ के कारण जाने जाते हैं। वे अक्सर नीली जीन्स व ब्लेज़र में देखें जाते हैं – इसके अलावा उन्हें भारत में प्रतिष्ठित संरचनात्मक ढाँचों के निर्माण का पर्यायवाची भी कहा जाता है। हिन्दुस्तान कंस्ट्रक्शन कंपनी के चेयरमैन एवं प्रबंध निदेशक ने मुंबई को इसकी पहली समुद्र से जोड़ने की परियोजना दी। हिन्दुस्तान कंस्ट्रक्शन कंपनी ने संसार में सबसे लंबा बाँध बनाकर गिनीज़ बुक में अपना नाम दर्ज कराया – पश्चिम बंगाल में फ़रक्का बाँध। अजीत गुलाबचन्द की महत्त्वाकांक्षी लवासा योजना के रास्ते में उस समय रोड़ा आ गया जब पर्यावरण और वन मंत्रालय ने उनके ऊपर पर्यावरण नियमों के उल्लंघन का आरोप लगाया। गुलाबचन्द भारत सरकार से बातचीत में आने वाले ख़तरों और चुनौती के बारे में बड़ी ईमानदारी से बात करते हैं।

योजना बनाने की समस्याएं

यह संसार अनिश्चित है, अस्थिर है और भ्रम में डालने वाला स्थान है। अस्तित्व में बने रहने एवं इससे लड़ाई के काबिल बनने के लिए हमें बहुत सारी योजनाओं की आवश्यकता होती है। यदि 'अ' योजना असफल होती है तो भरपाई के लिए एक और अच्छी योजना होनी चाहिए। लेकिन असफलता के लिये कोई योजना हम कैसे बना सकते हैं? संभवतः कभी नहीं। हम साधारणतया इसी पूर्वधारणा के साथ काम करते हैं कि हमारी योजना 'अ' निश्चित ही हमारी अच्छी योजना है और यही काम आयेगी। योजनाएं चुनौतीपूर्ण हो सकती हैं, जब वहाँ बहुत सारे घटक शामिल हों।

भारत में अनिश्चितता एक नया कोण, एक नया अर्थ और एक नया आयाम प्राप्त कर चुकी है, यहाँ नीतियों के निरंतर उठा पटक एवं ख़तरनाक वित्तीय वातावरण और नौकरशाही की दिक्कतों और लाल फीताशाही के साथ व्यवसाय होता है। भारत में इस अनिश्चितता के वातावरण में काम करना व्यापारी को जैसे दिमाग़ी रूप से तोड़ डालता है, भयभीत कर डालता है, और अजीत गुलाबचन्द उनमें से एक हैं।

हिन्दुस्तान की सबसे बड़ी बुनियादी संरचना कंपनी के चेयरमैन और प्रबंध निदेशक अपनी योजना 'अ' का कोई विकल्प साथ रखने में असफल रहे, जब उन्होंने एक ऐसे शहर की कल्पना की जो भारत को जीने के नये अंदाज़ से परिचित करवाता। 'लवासा' विकास योजना थी, और हिन्दुस्तान कंस्ट्रक्शन कंपनी ने उसे दुनिया के सामने गुलाबचन्द के प्रसिद्ध तरीक़े, भव्यता और अनूठी शैली के साथ प्रस्तुत किया, जिसके लिए उन्होंने देश के सभी समाचारपत्रों में पूरे पन्ने के विज्ञापन भी दे डाले।

गुलाबचन्द के लिए 'लवासा' का निर्माण ज़िंदगी के एक अद्भुत कारनामे के जैसा था। वह एक ऐसे क्षेत्र में क़दम रख रहे थे जो सरकारी आधिपत्य का क्षेत्र है। ऐसे कितने उद्योगपति हैं जो एक शहर को शून्य से

शुरुआत कर बनाने के लिए आगे आयें? इसमें भारी निवेश एवं जोख़िम शामिल था। सभी भागीदारों को बोर्ड में लेना, अनुमतियाँ लेना और धन व्यवस्था करना सबसे अनुभवी लोगों के लिये भी एक भारी चुनौती थी। महाराष्ट्र सरकार द्वारा पारित 'पर्वतीय क्षेत्र विधान' ने लवासा का मार्ग खोल दिया था।

गुलाबचन्द की योजना थी बेहतरीन तरीक़े से अंतिम विवरण तक जाना, उन्होंने रोपे जाने वाले उन विभिन्न पौधों के बारे में भी चर्चा की जो 'लवासा' की जलवायु के लिए सर्वाधिक उपयुक्त थे और जो न केवल जल स्तर की पूर्ति करते बल्कि इसे बढ़ाते भी। उसके निर्माण हेतु समस्त अनुमतियाँ ले ली गयी थीं। दसियों हज़ार मज़दूर विभिन्न राज्यों एवं शहरों से यहाँ आ गए थे। ऐसे शहर के निर्माण के लिए जो भारत में रहन-सहन को नये सिरे से परिभाषित करने जा रहे थे।

'लवासा' तीन स्तरों में बनाया जाना था। काम अपनी पूरी गति में था। स्थानीय विद्यालय ने काम करना प्रारंभ कर दिया था, जिसमें उन मज़दूरों के सैकड़ों बच्चे पढ़ रहे थे, जो निर्माण स्थल पर काम कर रहे थे। पच्चीस हज़ार एकड़ से ज़्यादा क्षेत्र में फैले हुए, इस कार्य में पूरे देश के बहुत सारे निवेशक गुलाबचन्द के सपनों के साथ मिल गये। लगभग पचास हज़ार करोड़ रुपये इस परियोजना में लगने थे और 2010 तक 'लवासा' द्वारा लगभग चार हज़ार करोड़ रुपये लगाए जा चुके थे। दो हज़ार लोगों ने 'लवासा' शहर में घर लिये थे। गुलाबचंद ने बताया कि अन्तरराष्ट्रीय मायनों में भारत की आश्चर्यजनक योजना क्या होगी और 'लवासा' कॉर्पोरेशन के प्रारंभिक पब्लिक इश्यू के लिए रास्ता तैयार करने हेतु प्रयास करने लगे। कंपनी की दिसंबर 2010 तक पब्लिक इश्यू लाने की योजना थी। जो दो हज़ार करोड़ रुपये की थी। बहुत सारे भागीदारों के शामिल होने के साथ, पैसा परियोजना में लगाया गया, बेहतरीन डिज़ाइनरों का दल बुलाया गया, बहुत सारे लोगों के लिए 'लवासा' का हिस्सा बनना एक प्रेरणादायी सपना होता जा रहा था। ख़तरे बहुत ऊंचे थे किन्तु अच्छे परिणामों की पूर्ति में ज़्यादा जोख़िम सम्मिलित रहता है और गुलाबचन्द को सरकार के साथ काम करने का दशकों का अनुभव था।

गुलाबचन्द ने करीब-करीब हर तरह के जोख़िम का अंदाज़ा लगाया। जो वह नहीं सोच पाए राज्य सरकार और केन्द्र सरकार के विरोधाभासी निर्णयों के प्रभाव में आना। कुछ चीज़ें ऐसी है जिन्हें एक बदल रहे देश में आप आसानी से नहीं ले सकते। और शायद नीति निर्माण में समानता और निर्णय लेने में निरन्तरता कुछ ऐसी चीज़ें थी जिन्हें गुलाबचन्द ने बड़े हल्के में लिया था।

जब महाराष्ट्र सरकार द्वारा पर्यावरण संबंधी कानूनी अनुमतियाँ मिल गयीं थीं, तभी केन्द्र सरकार ने एक दाँव चला, जिसने पर्वतीय शहर बनने से रोक दिया।

महाराष्ट्र सरकार ने अनुमति देते-देते सात साल लगा दिए। सौ साल पुराने समूह होने के बावज़ूद हम पर इससे ज़्यादा बुरी तरह शिकंजा नहीं कसा जा सकता था, गुलाबचंद कहते हैं।

नवंबर 2010 में केन्द्रीय पर्यावरण एवं वन मंत्रालय ने लवासा कॉर्पोरेशन लिमिटेड को पर्यावरणीय कानूनों का उल्लंघन करने के आरोप में 'कारण बताओ' सूचना जारी की। उसके बाद राज्य सरकार ने महाराष्ट्र प्रदूषण नियंत्रण बोर्ड को, प्रवर्तकों के ख़िलाफ़ मुक़दमा दर्ज करने का आदेश दिया। यह पहली ऐसी ढाँचागत निर्माण परियोजना थी जिसके ख़िलाफ़ आपराधिक प्रकरण चलाया गया।

जहाँ गुलाबचन्द अपने सपनों को साकार करने में जुटे थे, वह उस बुरी स्थिति को समझने में नाकाम रहे, जो एक विकासशील अर्थव्यवस्था में हो सकती थी। उन्होंने भारी ऋण लिया, अपना पूरा ज़ोर लगा दिया और अपना लगभग सब कुछ 'लवासा' पर दाँव पर लगा दिया। हिन्दुस्तान कंस्ट्रक्शन कंपनी सन 2011-12 में दो सौ करोड़ रुपये के क़र्ज़े में चली गयी, जब कि इसके पिछले साल में इसने 71 करोड़ रुपये का मुनाफ़ा कमाया। बहुत ज़्यादा जुनून किसी भी स्थिति में ख़तरनाक हो सकता है और व्यापार इससे अलग नहीं है। जब हम एक विचार, एक योजना, एक परियोजना में पूरी तरह समा जाते हैं तब हम उसी में साँस लेना, जीना प्रारंभ कर देते हैं।

गुलाबचन्द उस समय पेरिस में थे और 'अरेवा' के साथ एक योजना को अंतिम रूप दे रहे थे, जब उन्होंने पर्यावरण मंत्रालय के उस नोटिस के बारे में सुना, जिसमें हिन्दुस्तान कंस्ट्रक्शन कंपनी के सभी कंस्ट्रक्शन कार्य रोक देने और अभी तक किए गये कंस्ट्रक्शन को ध्वस्त कर देने का आदेश दिया गया था। उन्हें यह समाचार किसी सूचना के माध्यम से नहीं बल्कि एक प्रेस सम्मेलन में समाचार चैनल के माध्यम से मिला। उसी शाम यह सूचना हिन्दुस्तान कंस्ट्रक्शन कंपनी के मुख्यालय पहुँची। सभी कर्मचारी और भागीदार स्तब्ध रह गए। गुलाबचन्द दो सप्ताह बाद 'लवासा' के प्रारंभिक पब्लिक इश्यू जारी करने वाले थे, जिसे रोक दिया गया।

गुलाबचंद, जो युद्ध लड़ने में माहिर थे, यह अंदाज़ा नहीं लगा पाये कि 'लवासा' पूरे समूह के भाग्य को दाँव पर लगा सकता है।

'यदि आप सोचते हैं, कि करने के लिए सही काम यही है, तो आपके सामने बाधाएं आयेंगी, जहाँ लोग आपको नहीं समझेंगे, कुछ लोग जानबूझकर रुकावटें डालेंगे। आप जानते हैं, आपको उनसे लड़ना होगा और आगे चलना होगा। आपको नम्रता से पूरी तरह समझना होगा कि कुछ ऐसी चीज़ें भी होंगी जो आपके नियंत्रण से बाहर होंगी। आप आँख बंद करके नहीं लड़ सकते। आप चोटिल जानवर की तरह निशाना नहीं लगा सकते। आप नहीं जीतेंगे। यदि आप वास्तव में लीक से कुछ अलग हटकर करना चाहते हैं तो बाधाएं तो आयेंगी। आपको उन्हें आत्मसात करना होगा और कुशल सेनापति बनना होगा।'

साहस में प्रतिभा, शक्ति, जादू शमिल होता है

उन्होंने स्वयं को लंबे समय तक कठिन परिस्थितियों से बाहर पाया था और हमेशा ऐसी परिस्थितियों से बाहर निकलने का उपाय और नीति खोज निकाली थी।

बहुत मुश्किलें थीं और गुलाबचंद ने हमेशा चुनौतियों, परेशानियों को ही चुना और अधिक मज़बूत होते गये।

1983 में जब गुलाबचन्द ने हिन्दुस्तान कंस्ट्रक्शन कंपनी के प्रबंध निदेशक के पद पर कार्यभार संभाला, उस समय बालचन्द हीराचन्द

परिवार में आपसी मतभेद चल रहे थे। एक दशक की लंबी लड़ाई के बाद, 1994 में वह चेयरमैन और प्रबंध निदेशक बन गये। 'हिन्दुस्तान कंस्ट्रक्शन कंपनी' समूह की बहुत कम लाभ वाली इकाई थी और पाँच करोड़ रुपये लाभ के रूप में अर्जित कर रही थी। गुलाबचन्द ने हिन्दुस्तान कंस्ट्रक्शन कंपनी को देश भर में सबसे प्रभावशील व्यवसायिक साम्राज्य के रूप में खड़ा किया। उन्होंने मुंबई को पहली सी लिंक सौगात में देने वाली चुनौती को स्वीकार किया। बान्द्रा-वरली परियोजना को पूरा होने में करीब एक दशक लग गया। एक अभियांत्रिकी चमत्कार 'सी लिंक' को अभी भी उस मुकाम पर पहुँचाना बाकी था। अभी भी छः सौ करोड़ के दावों पर बातचीत चल रही है। इस बीच हिन्दुस्तान कंस्ट्रक्शन कंपनी का बाज़ार पूंजीकरण दो साल पहले की अपेक्षा सिर्फ़ पाँचवे हिस्से का रह गया। लवासा परियोजना ने कई लोगों की इच्छाओं के विपरीत समूह को एक दलदल में डाल दिया था।

'मुख्य काम था केन्द्रीय सरकार से, न कि राज्य सरकार से अनुमति प्राप्त करना। हमें बिल्कुल स्पष्ट था, कि हमें पहले दो हज़ार हेक्टयर के लिए अनुमति की आवश्यकता नहीं थी। अन्ततः प्रधानमंत्री (मनमोहन सिंह) ने हस्तक्षेप किया और जयराम रमेश (पूर्व पर्यावरण मंत्री) पीछे हट गये,' जोशपूर्ण गुलाबचन्द कहते हैं।

अपने समूह के निर्माण में उन्होंने अठ्ारह साल से ऊपर लगा दिये थे, गुलाबचन्द उस लड़ाई को सुनियोजित तरीक़े से लड़ने के लिए रणनीति बनाने की ज़ल्दी में थे। 'जब मैंने पर्यावरण मंत्रालय के विरूद्ध मामला दर्ज किया, तो मैंने दुर्भावना का एक व्यक्तिगत मामला भी जयराम रमेश (तत्कालीन पर्यावरण मंत्री - मई 2009 - जुलाई 2011) के ख़िलाफ़ दर्ज किया। मैं ज़ायज़ और राजनीतिक रूप से लड़ा। कुछ लोगों ने कहा : आप बातचीत के माध्यम से समझौता क्यों नहीं कर लेते? पर मैं लड़ाई लड़ना चाहता था।'

'महाराष्ट्र सरकार प्रतिरोध में थी। जयराम रमेश लगातार यह कह रहे थे कि आदेश ऊपर से आये हैं। मैंने जाना कि व्यक्ति को धैर्य की आवश्यकता होती है क्योंकि यही तरीक़ा है, ऐसा होता रहता है।

न्यायालयीन प्रक्रिया लंबी है। हर चीज़ समय लेती है। यही वास्तविकता है और आपको इसी के साथ रहना होता है।'

गुलाबचंद की प्रारंभिक प्रतिक्रिया खण्डन की थी : 'मैंने सोचा ऐसा नहीं हो सकता। किन्तु हमने बहुत जल्द ही मान लिया कि ऐसा होता है। एक सप्ताह के बाद हमने न्यायालय की ओर रूख किया। लोगों की आजीविका दाँव पर लगी थी। आई.पी.ओ. एकदम पास ही था। आपको आक्रमण की प्रकृति को समझना होगा। एक स्वतंत्र देश में कानून के शासन की अपेक्षा की जाती है। जब प्रक्रिया का अनुसरण नहीं होता है, तब आप समझ सकते हैं, कि उसके पीछे प्रेरणा काम करती है। जब आपको लगता है कि कुछ ग़लत हो रहा है तो आप में एक नैतिक साहस आ जाता है, इससे लड़ने के लिए। मैंने इस व्यक्ति (जयराम रमेश) को बखूबी जाँचा परखा क्योंकि मैं अब किसी तरह की ग़लती नहीं झेल सकता था। हम हर माध्यम से उनके साथ लड़े। हम जितना लोगों के सामने आये, हमें उतनी ही सहानुभूति मिली। जब युद्ध शुरू हो जाता है, तब युद्ध ही आपका लक्ष्य बन जाता है।'

गुलाबचंद ने ऋण लेने की जोशीले अंदाज़ में पुनः योजना बनायी। 2012-13 की पहली तिमाही में एक प्रेस टिप्पणी के माध्यम से कंपनी ने घोषित किया कि बत्तीस सौ करोड़ रुपये के ऋण प्राप्ति का अनुमोदन हो चुका है और इस कार्यवाही से कैश-फ़्लो में सुधार आयेगा और जिसके कारण इस चुनौती भरे समय में कार्य करने के लिए समुचित व्यवस्था होगी।

'कभी-कभी नयी जगह पर आना बहुत लाभकारी होता है। आप महसूस करते हैं कि ऐसे भी कई हैं जो कुछ नहीं जानते - जैसे प्रधान मंत्री मनमोहन सिंह नहीं जानते थे। हमने यह भी महसूस किया कि हमें लोगों को और शिक्षित करना होगा। हमने गाँव वालों से भी बातचीत की, जो हमारे साथ खड़े थे, और कहा कि हम कुछ अच्छा कर रहे हैं। हमने देखा कि सरकार में भी लोग हमें समर्थन दे रहे हैं। जब तक आप समर्पित नहीं होते, झिझक बनी रहती है। जैसा कि गेटे ने कहा है - 'आप जो कुछ भी कर सकते हैं या जिसका सपना देख सकते हैं, उसे प्रारंभ

कीजिए। साहस में प्रतिभा, शक्ति, जादू होता है।"

यही वह शब्द थे जिन्होंने गुलाबचंद को जीवन-दर्शन दिया। उन्होंने सपना देखना जारी रखा जो 'लवासा' के आई.पी.ओ. को वापस लाने और एक विश्व स्तरीय शहर बनाने के लिए था (कई करोड़ की पर्वतीय शहर परियोजना को नवंबर 2011 में पर्यावरण मंत्रालय की भी मंजूरी मिल गयी थी।) वे ऋण को संभालने लायक स्तर तक लाने के लिए, कंपनी की आदेश पुस्तिका को ज़्यादा सुदृढ बनाने के लिये और ज़्यादा से ज़्यादा राजमार्ग बनाने और एक विश्वस्तरीय संरचनात्मक कंपनी बनाने का भी सपना देखते रहे।

लवासा को लगभग तीन साल का विलम्ब हो चुका है। व्यावसायिक साझेदारियाँ बिखर गई हैं और वहाँ एक भारी अवसर लागत शामिल है। गुलाबचंद जानते हैं, वे इन सब चीज़ों को साथ लेकर चलने में एक बार फिर सफल होंगे।

लेकिन इस बार वह पहले से ज़्यादा चतुर एवं तैयार होंगे। लेकिन उनकी बातचीत में यह प्रश्न बार-बार उभर कर सामने आता है - 'ऐसा एक लोकतांत्रिक देश में हो सकता है, यह जानकर लोगों को आश्चर्य क्यों नहीं होता?'

मैं असफल क्यों रहा

- मैने भारी जोख़िम वाली इस परियोजना के लिये अपने ऊपर आवश्यकता से अधिक बोझ ले लिया।
- मेरे उत्साह और आशावाद ने मेरे संदेह करने वाले दिमाग़ को ढक लिया था।

सलाह

- आप जो कुछ भी कर सकते हैं या जिसका सपना देख सकते हैं, उसे प्रारंभ करें। साहस में प्रतिभा, शक्ति और जादू है।
- अगर आप यह सोचते हैं कि करने के लिए सही चीज़ यही है, तो आपके सामने बाधाएँ आएँगी, जहाँ लोग आपको नहीं समझेंगे और कुछ लोग जान-बूझ कर रुकावटें डालेंगे।
- यह समझने की विनम्रता रखें कि कुछ चीज़ें ऐसी हैं जो आपके नियंत्रण के बाहर होती हैं।

‘अगर लोगों को मौक़ा दिया जाए,
तो वे चमत्कार कर सकते हैं।’

स्मिनु जिंदल

स्मिनु जिंदल देश में अकेली ऐसी व्यावसायिक व्यक्ति हैं, जो वीलचेयर से कई लाख डॉलर का व्यवसाय चला रही हैं। यह उनका दृढ़ निश्चय, साहस धैर्य और बुद्धिमत्ता है, कि उन्होंने परंपरागत पुरुषों के क्षेत्र समझे जाने वाले लौह एवं इस्पात के व्यवसाय में धाक जमायी। वे जिंदल सॉ हेतु विकास एवं नये विचारों को लाने में आगे रहकर कार्य करतीं हैं, जो कि ओ.पी. जिंदल समूह की अव्वल कंपनियों में से एक है। यह स्मिनु का ही नेतृत्व है, कि कंपनी में पाइप से लेकर बुनियादी संरचना, लॉजिस्टिक्स और परिवहन जैसी विविधता आयी। स्मिनु ऐसे लोगों को सार्वजनिक रूप से एक दर्जा दिलाने के लिये जी-जान रूप से लगी हुई हैं, जो शारीरिक रूप से चल पाने में अपेक्षाकृत कम सक्षम हैं।

उन्होंने कहा, 'मैं घड़ियाल से लड़ सकती हूं,' और वे इंजीनियर जो टेक्सास (अमेरिका) में जिंदल सॉ संयंत्र के विस्तारकर्ता के रूप में मगरमच्छ से लड़ना चाहते थे, ने उन्हें तिरस्कारपूर्ण दृष्टि से देखा। कुछ ही पलों में जिंदल सॉ की प्रबंध निदेशक स्मिनु जिंदल ने इंजीनियर को कई कारण गिनाये - 'वेल्डिंग ठीक नहीं हो रही है, आप ज़्यादा ऑक्सीजन का इस्तेमाल कर रहे हैं, आग की लपट को नियंत्रित करो।' कुछ समय बाद इंजीनियर ने लौटकर कहा - स्मिनु आप ठीक कहती हैं। कई बरस बाद नयी दिल्ली के मध्य में स्थित अपने कलात्मक, पर कम चर्चित कार्यालय में बैठे हुए वह इस बात को याद करतीं हैं।

स्मिनु जिंदल की ज़िन्दगी में यह कहानी ख़ासतौर से रोमांचित कर देने वाली है। यह उनमें स्वयं पर विश्वास के रूप में अलंकृत है, और अपने ऊपर बरसायी गयी घृणा और तिरस्कार, जिस समय वह अपने परिवार को और बाहरी दुनिया को यह बात साबित करके दिखाना चाहतीं थीं, कि लकवाग्रस्त महिला भी व्यापार को सफलता के साथ चला सकती है, उसका जवाब है। एक बेहतर परिभाषा के अभाव में, स्मिनु की विफलता को सामाजिक विफलता के रूप में दिखाया जा सकता है।

मैंने 'सामाजिक' शब्द का इस्तेमाल इसलिये किया, क्योंकि स्मिनु की विफलता वृहद रूप से समाज के अन्दर बुनियादी सोच की लड़ाई से जुड़ी हुई थी। आप विफलता को किस तरह परिभाषित करते हैं यह बड़ा महत्त्वपूर्ण है, क्योंकि विफलता के कारण ही यह तय करते हैं कि इन्हें दूर कैसे किया जायेगा और इनसे कैसे लड़ा जाएगा। विफलता अलग-अलग लोगों के लिये अलग-अलग मायने रखती है। जो आपके लिये विफलता है, हो सकता है, किसी और के लिये इस बात का कोई महत्त्व ही न हो। यह कुछ-कुछ मिट्टी की तरह है, जिसे बार-बार आकार दिया जाता है। कुछ लोग ऐसे हैं, जो अपनी विफलता का स्वयं प्रबंधन करते हैं, वहीं कुछ ऐसे लोग भी हैं, जो अपने ग़लत आकलन या निर्णयों के कारण विफल होते हैं। और कुछ लोग ऐसे भी हैं, जो विफलता के लिये तैयार रहते

हैं। स्मिनु जिंदल भी विफलता के लिए तैयार थीं, क्योंकि ग्यारह साल की उम्र में ही एक दुर्घटना में वह लकवाग्रस्त हो गयी थीं। जिंदल तभी से घड़ियालों (मुसीबतों) से लड़ती आ रही हैं।

हममें से कितने लोग हैं, जो घड़ियालों से लड़े हैं? अर्थात् पहाड़नुमा मुसीबतों से? घड़ियाल विशालकाय सरीसृप है, जिनसे लड़ने वालों को आमतौर पर मूर्ख समझा जाता है।

हमारी दुनिया में मैं घड़ियालों को ऐसी ख़तरनाक चुनौती के रूप में लेती हूँ, जिससे लड़ने का साहस शायद ही हममें होता हो, प्रारंभिक रूप से इसलिये क्योंकि हम यह मान लेते हैं, कि हमारी हार सुनिश्चित है। हार और नुक़सान का डर हमें निष्क्रिय बना देता है और इस निष्क्रियता की क्रिया में - मैं निष्क्रियता को एक क्रिया इसलिये कहना चाहूँगी, क्योंकि हम पूरे होशो हवास में इसको चुनते हैं - हम अपनी सुविधानुसार बहाने बनाते हैं और ख़ुद को तसल्ली देते हैं। हम अपने आपको ही बार-बार भरोसा दिलाते हैं, कि जो हम कर रहे हैं, जो हमने सोचा और किया है, वह सर्वोत्तम है। क्या वास्तव में हम ऐसा करते हैं? या फिर हम एक आसान रास्ता चुन लेते हैं? घड़ियालों से न लड़ना सबसे आसान तरीक़ा है, लेकिन जब तक हम उनसे लड़ते नहीं, हम कैसे जान सकते हैं, कि हम उनसे लड़ने में विफल हुए या सफल।

स्मिनु जिंदल के मामले में यह घड़ियाल अनोखे हैं। उन्हें अपनी शारीरिक विकलांगता और उन अवधारणाओं से, जो उनके शारीरिक विकलांग और महिला होने के कारण थीं, लड़ना था।

वे कहती हैं, 'कई लोगों ने कहा कि ग्यारह साल की उम्र में अपनी चलने-फिरने की शक्ति गवाँ देना, बहुत बड़ा धक्का है, जिसके कारण ज़िन्दगी में तुम्हारी विफलता निश्चित है।'

किसी ने भी नहीं कहा कि यह आसान होगा

एक साधारण सोच वाला व्यक्ति शारीरिक अक्षमता को ज़िन्दगी परिभाषित करने वाली विफलता के रूप में ले सकता था। किन्तु स्मिनु जिंदल ने

इससे हटकर, स्वयं को ज्ञान और विश्वास से परिपूर्ण किया और अपनी जीवन यात्रा प्रारंभ की।

भारत के चौथे सबसे बड़े औद्योगिक घराने ओ.पी. जिंदल समूह में जन्मीं स्मिनु जिंदल ने चुनौती भरी भूमिकाओं एवं परियोजनाओं को चुना और अपनी व्यापारिक दिलेरी सिद्ध करने के लिये विपरीत व्यावसायिक परिस्थितियों की ओर रुख किया।

शारीरिक अक्षमता व्यक्ति को न केवल शारीरिक रूप से अशक्त बनाती है, वरन भावनात्मक एवं मानसिक रूप से अक्षम बना देती है। यह आपके साहस एवं विश्वास को इस हद तक चूर-चूर कर देती है, कि आप इसे पुनः प्राप्त करने के योग्य नहीं रह जाते।

अनुसरण करने के लिये उनके पास ऐंसे कोई उदाहरण नहीं थे। न ही कोई शैली या सीख थी। उन्हें अपना मार्ग स्वयं तय करना था और अपना भाग्य खुद लिखना था। आज, वह जिंदल सॉ को व्हील चेयर पर बैठ कर चला रही हैं। कमर से नीचे के भाग से लकवाग्रस्त होने के बावज़ूद उन्होंने बुनियादी संरचना, लॉजिस्टिक्स, परिवहन और इस्पात जैसे पारंपरिक रूप से पुरुषों के आधिपत्य समझे जाने वाले क्षेत्रों में धाक जमायी।

'मैंने अपनी आजीविका चुनौती के साथ शुरू की। मेरे पूरे परिवार में मैं अकेली महिला थी, जिसने लौह एवं इस्पात के व्यवसाय में प्रवेश किया। लोग मेरी पसंद पर आश्चर्यचकित होंगे; लेकिन मैं उन्हें बताती हूँ कि मुझे इसे उठाना थोड़े ही है, मुझे तो बस लोगों का प्रबंधन करना है। लोगों से ही आपकी कंपनी का निर्माण होता हैं।'

हर स्तर, आयु और अवस्था अलग तरह की चुनौतियों से भरी हुई थी। वह रोयीं, लड़ीं, प्रयत्न किया और जीत गईं। वह याद करती हैं, दुर्घटना के बाद की कई रात वे रोते-रोते सोईं, जब उन्हें डांस छोड़ना पड़ा, जो उन्हें बहुत पसंद था। या वह समय जब वह अन्य बच्चों की तरह एक सामान्य बच्ची नहीं रहीं।

'जब कभी आप एक कमज़ोरी पर जीत हासिल करते हैं, दूसरा झटका या धक्का तैयार रहता है। एक महिला होना और वह भी व्हील

चेयर पर होना आपके विरूद्ध ही कार्य करता है। किन्तु तब आप जीवन को आधा खाली या आधा भरा हुआ देखते हैं।' और वह कहती हैं, कि मैंने अपना जीवन आधा भरा हुआ देखा।

तो क्या वह ऐसी आशावादी हैं, जो अवसाद विचारों पर विजय पाने में समर्थ हैं?

वह कहती हैं, 'नहीं, पर मैं ज़िन्दगी की कमज़ोरियों पर सवार हो चुकी थी। मुझे एक आशा की किरण दिख रही थी और दृढ़ता से काम करने का विश्वास भी। यदि आप में इच्छाशक्ति है, तो ईश्वर आपको मार्ग दिखाता है।'

वह अपने परिवार की पहली महिला थीं, जो व्यापार में शामिल हुई थीं, भारत की एकमात्र बिज़नेस लीडर, जो शारीरिक रूप से विकलांग थी, और कार्यस्थल पर व्हील चेयर से जाती थीं, और साथ ही दुनिया भर में सम्मेलनों और बैठकों में भाग लेने भी।

वह यह सब कैसे करती हैं

उन्होंने अपनी अक्षमता को स्वीकार किया। उन्होंने बहुत पहले ही अपने जीवन में यह स्वीकार कर लिया था, कि उनकी चुनौतियाँ और युद्ध अलग किस्म के होंगे। वह न केवल एक महिला थीं, बल्कि एक ऐसी महिला जिन्हें हर पग पर सहायता की आवश्यकता थी।

वह कहती हैं कि उन्होंने सीखा, कि अब भी उनके पास उनके हाथ हैं और अब भी वह अपना दिल और दिमाग़ लगा सकती हैं। देश में एक बिज़नेस लीडर के रूप में सालों काम करने के बाद (जो अब भी पैतृक है, जहाँ स्त्रियाँ आवश्यक रूप से पहली पसंद नहीं है, कि वे परिवार द्वारा संचालित व्यवसाय चलाएँ) स्मिनु जिंदल एक अपवाद हैं। हर बीमार पड़ी इकाई, जो उन्हें दी गयी थी, का उन्होंने कुशलतापूर्वक संचालन किया और प्रत्येक परियोजना जो उन्हें दी गयी, उसने स्मिनु को दिये गये अवसरों को बनाया भी और बिगाड़ा भी।

जब वह बच्ची थीं, तभी से व्यवसायी बनने का सपना देखा करतीं

थीं, और उन्होंने बिज़नेस लीडर बनने के सपने को धैर्य, दृढ़ विश्वास, अनुशासन और दृढ़ इच्छाशक्ति के साथ बढ़ाया।

वह 19 साल की थीं, जब उन्हें ओ.पी. जिंदल समूह के अंतर्गत आने वाली फ़ॉइल बनाने की इकाई को फिर चालू करने जैसा असंभव कार्य दिया गया। अत्यधिक पतली स्टील की चादर का निर्माण करने वाली इकाई लगभग बंद होने की कगार पर थी, और स्मिनु के लिये यह अवसर नया मोड़ देने वाला था। उन्हें स्पष्ट रूप से बताया गया था, कि वे या तो इसे स्वीकार कर लें या इसे छोड़ दें।

अब स्मिनु के पास बहुत सारी चुनौतियाँ थीं - बीमार पड़ी इकाई को लाभदायी बनाना (बहुतों ने प्रयत्न किया और असफल हुए), वे कर्मचारी जो ओ.पी. जिंदल (स्मिनु के दादा) के लिये काम कर रहे थे, उन्हें अपने लिये काम करने के लिये तैयार करना, और पुरानी प्रक्रिया एवं वर्षों पुराने ढर्रे को बदलने की चुनौती स्वीकारना।

यह उनकी महत्त्वाकांक्षा, योग्यता और स्वयं को भारतीय कॉर्पोरेट जगत में स्थापित करने का परीक्षण था। और स्मिनु जिंदल ने स्वास्तिक फॉइल की चुनौती का सामना किया। उन्होंने निराशावादिता को आशावादिता में बदलने के लिए विश्वास जगाने और सही व्यवसायी निर्णय लेने के लिए लोगों की सहायता लेना शुरू किया।

उनके कार्यों ने उनमें दृढ़ विश्वास, भरोसा एवं आत्मविश्वास जगाया। वह अलोकप्रिय निर्णय लेने से भी पीछे नहीं हटीं। यदि वह स्वयं समझ जाती थीं, तो उन लोगों को समझाने का हर संभव प्रयास करतीं, जो समझने को तैयार नहीं होते थे। वह ऐसी आँधी की तरह आयीं, जिन्होंने परंपराओं और विश्वासों को हिला डाला।

उन्होंने काम करने के पुराने अंदाज़ को चुनौती दी। वे वित्तीय अनुशासन, न्यूनतम स्तर की कुशलता को सुनिश्चित करना और कंपनी को केन्द्रित रखने में सफल रहीं। बहुत जल्द ही उन्हें एहसास हो गया कि कंपनी समय और साधन बर्बाद कर रही है, फ़ॉइल को पीट-पीट कर अत्यधिक पतला करने में। क्योंकि वह जितना पतला था, उससे ज़्यादा नहीं

हो पा रहा था। उन्होंने काफ़ी कुछ स्टारबक्स कॉफ़ी की रिटेल श्रंखला के संस्थापक हार्वर्ड शूल्ट्ज़ की तरह किया, जब स्टारबक्स बहुत ज़्यादा हानि में जा रही थी, और वह उसे पुनः सही स्थिति में लाने के लिये प्रयास कर रहे थे। शूल्ट्ज़ ने अनुभव किया, कि कंपनी की लाखों की राशि व्यर्थ जा रही है, अतः उन्होंने जग में अन्दर की ओर एक आंतरिक घेरा लगवा दिया ताकि कॉफी बनाने वाले को मार्गनिर्देशन मिल सके कि कॉफी बनाने के लिए कितना दूध उपयोग में लेना चाहिए। एक छोटे-से लेकिन महत्त्वपूर्ण निर्णय ने दूध के अपव्यय में रोक लगाने में सहायता दी। और स्टारबक्स ने लाखों डॉलर बचाये।

जो स्मिनु ने प्रस्तावित किया, वह उन कर्मचारियों के लिए असोचनीय था, जो कंपनी के साथ बरसों से काम कर रहे थे। कंपनी की बिक्री बढ़ाना कभी भी उनकी योजना का हिस्सा नहीं रहा। यद्यपि वह बिना बाधा के आगे बढ़ रही थीं और विश्वास से भरी थीं, कि उनका मूल्यांकन बिल्कुल सटीक था, वह जानती थीं कि केवल उनका विश्वास से भरा होना ही काफ़ी नहीं है, उन्हें अपने पूरे समूह में भी विश्वास भरना होगा।

उनकी सबसे बड़ी चुनौती थी, उन लोगों को समझा पाना, जिनको उद्योग में बहुत अनुभव प्राप्त है या जो लोग तब से समूह से जुड़े हुए हैं, जब वह बच्ची थीं। और वे लोग मानते हैं, कि वे व्यवसाय को कहीं ज़्यादा अच्छे ढंग से जानते हैं। स्मिनु के दृढ़ विश्वास के कारण बहुत लोग कंपनी से बाहर निकल गये, उनके दादाजी के एक निकट सहयोगी क्रोधित होकर चले गये। बहुत-से जो रुक गये थे, वे स्मिनु के सामर्थ्यवान होने पर संदेह कर रहे थे और उनके साहस एवं धैर्य से भयभीत थे, किन्तु स्मिनु जिंदल ने स्वयं को एवं अन्य लोगों को भी यह सिद्ध कर दिखाया, कि उनमें व्यवसाय को सफलतापूर्वक चलाने की एक स्वाभाविक प्रवृत्ति है - यह एक बिन्दु उन्हें अक्सर सिद्ध करना पड़ता था।

वह ज़िन्दगी बदल देने वाली सफल कहानी के दशकों बाद यह कहती हैं, कि 'मेरा योगदान केवल यह बताना था, कि आप अत्यधिक पतली फ़ॉइल नहीं बना सकते। अगर लोगों को मौक़ा दिया जाये, तो वे चमत्कार कर सकते हैं।'

स्टेनलेस स्टील की इकाई उनकी ज़िन्दगी बदल देने वाली पहली कहानी थी, आगे बहुत सारी सफलताएँ मिलती गयीं, और कहानी बनती गयी। सालों बाद जब स्मिनु ने स्पष्ट रूप से स्वयं को स्थापित कर दिया, तो उन्होंने अमेरिका में एक बीमार इकाई को संवारने की चुनौती मिली। वह संयंत्र विशाल था, इसे टैक्सास के मानचित्र पर भी देखा जा सकता था।

वह संयंत्र इस समूह की सबसे ज़्यादा नुकसान देने वाली इकाई था। इसकी हानि से समूह की सॉ पाइप्स जैसी अन्य साथी कंपनियाँ नीचे आ गयीं। स्मिनु ने संयंत्र पर महीनों बिताये, संकरी गलियों से व्हील चेयर पर चलतीं थीं और बिना थके छोटे-से कमरे में काम करतीं थीं। चीज़ें इस सीमा तक ख़राब हो गयीं थीं, कि इकाई के पास दो दिन का बिजली का भुगतान करने के लिये भी पैसा नहीं था। स्मिनु को इस इकाई को लाभदायी बनाने में छः साल लग गये। संयंत्र पूरी तरह से चल निकला। एक बार फिर स्मिनु ने अलोकप्रिय निर्णय लिये, लोगों को बदला, तकनीक में बदलाव किया और सोची समझी प्रबंधन रणनीति पर काम किया।

यह छः साल पसीने और परिश्रम भरे थे, किन्तु इसने भी उन्हें इस इकाई से पीछा नहीं छुड़ाने दिया। वह लगातार इसे संवारने में लगी रहीं।

'यह एक बच्चे को पाने की तरह था, किन्तु भावनात्मक लगाव का कम होना बहुत महत्त्वपूर्ण है,' वह कहतीं हैं।

स्मिनु को विश्वास था, कि भारत में अवसरों को भुनाना व्यवसाय के लिये लंबा फ़ायदा देने वाला साबित होगा। उन्होंने अपनी सारी ऊर्जा देश में वापस केन्द्रित की, जिसने जिंदल सॉ को बनाने का काम किया, जिसने आगे चलकर व्यापार की कई शाखाओं को जन्म दिया जैसे जिंदल आई.टी.एफ़., यहाँ उन्होंने बुनियादी ढांचे (जल, उपयोग किया हुआ जल एवं ठोस कचरा प्रबंधन), परिवहन और फ़ैब्रीकेशन (बड़े आकार वाले जहाज़ कारखाने और रेल डिब्बे) पर ध्यान केन्द्रित किया।

सन् 2000 में, जिंदल सॉ 300 करोड़ रुपये की कंपनी थी। कंपनी का सात हज़ार करोड़ रुपयों से ज़्यादा के असाधारण विकास का तात्पर्य था, बहुत कठोर परिश्रम करना, सोलह-अठारह घण्टे प्रतिदिन काम करना

और लगभग प्रतिदिन संयंत्रों में जाना। 'मैं यंत्रों से प्यार करती हूँ, मैं नट-बोल्ट्स से प्यार करती हूँ, मैं हमेशा संयंत्र में जाना पसंद करती थी। मैं गर्मियों में संयंत्रों में भट्टी के पास रह सकती थी और किसी भी तरह की परेशानी नहीं होती थी। यह मज़ेदार है, एक मशीन को चलते देखना एक कविता की तरह है।'

'ज़िन्दगी में करने को बहुत कुछ है, कैसे कोई अपनी पूरी ज़िन्दगी दुखी रहकर और निराशा में बिता सकता है? अगर बहुत नहीं कर सकते हो, तो कुछ ज़िन्दगियों को तो प्रभावित करो। अपने पीछे कुछ तो छोड़ जाओ।'

मैं असफल क्यों रही

- एक महिला होना और व्हील चेयर पर होना मेरे विफल होने का कारण रहा।

सलाह

- लोगों से जुड़ो, किसी विशेष व्यक्तित्व से नहीं।
- अपनी शक्तियों पर ध्यान दो और उनका लाभ उठाओ।
- अपने आप में विश्वास करो, अगर आप ये नहीं करोगे, तो कोई नहीं करेगा।

‘हम अपने ही भाग्य के सक्रिय योजनाकार नहीं हैं।’

विलियम बिसैल

विलियम बिसैल हर बार यह बात सिद्ध करने में लगे रहे, कि समाजवाद और पूंजीवाद एक साथ चल सकते हैं। वह भारत में समुदाय के मालिकाना हक़ वाली कंपनियों के पथ प्रदर्शक हैं। वह व्यक्ति जिसने 'दसी' को विशिष्ट बना दिया। बिसैल ने भारतीय मध्य वर्ग का भारतीय परिधान के विभिन्न रंग-विन्यासों एवं बुनावट से परिचय करवाया। उनकी यात्रा स्वयं को खोजने की चमत्कृत कर देने वाली यात्रा है, क्योंकि उन्होंने देश के अनोखे ब्राण्ड को बुना है - फ़ैब इंडिया।

विफलता को रोका नहीं जा सकता

जब आप अग्रणी बनना चाहते हैं, तो वह करते हैं, जो दूसरे नहीं करते, वह बनाते हैं, जिसके बारे में दूसरे सिर्फ़ बात कर सकते हैं और लोग जहाँ बाधाएँ देखते हैं, आप अवसर देखते हैं, तो विफलता अपरिहार्य है। यही वह भावना है, जिसे पथ प्रदर्शक अपने जीवन में आत्मसात करते हैं। वे कठिन परिश्रम करते हैं, त्याग करते हैं, जोख़िम उठाते हैं और जब वे विफल होते हैं, तो पुनः उठ खड़े होते हैं। जो अग्रणी लोग होते हैं, वह अपनी सफलता को बड़ा आसान बना देते हैं। विलियम बिसैल, फ़ैब इंडिया के प्रबंध निदेशक, जो भारत की सबसे बड़ी सामुदायिक मालिकाना कंपनी है, में वह योग्यता है जो सफलता और विफलता के प्रभावों से अपने आप को दूर रखते हैं। वह इनमें से किसी को भी अपनी गति धीमी नहीं करने देते।

2004 में, जब वह कंपनी के लिये धन जुटाने में असफल रहे, उस कंपनी (फ़ैब इंडिया) के लिये जिसको पोषित करने में उन्होंने पन्द्रह साल से ज़्यादा समय लगाया था, तो वे एक दो दिन तक निराश रहे - पर उसके तुरन्त बाद वह चलने के लिये तैयार थे और उन्होंने असफलताओं से सीखे हुए सबक को, व्यापार ढाँचे को बेहतर बनाने में उपयोग किया और आगे चलकर कंपनी की वितरण श्रंखला को सुदृढ़ बनाया।

'हम यह सोचना पसंद करते हैं कि हम अपने ही भाग्य के सक्रिय योजनाकार हैं, पर हम ऐसे नहीं हैं। हांलाकि, आप अपनी गुणवत्ता को सुधारने के लिये सक्रिय योजनाकार हो सकते हैं, क्योंकि हम अपने प्रदर्शन पर पड़ने वाले बाहरी कारकों के बारे में सोचने के लिये गहराई से तैयार होते हैं - यह हमको हमारी भूमिका को देखने के अपराध से मुक्त करता है। ऐसा करना बहुत मुश्किल है।

बिसैल ऐसे पहले व्यापारी थे, जिन्होंने भारत में समुदाय के मालिकाना हक़ वाले व्यापार को सुदृढ़ बनाया। जब बिसैल ने धन के लिये निवेशकों

से संपर्क किया – तब तक फ़ैब इंडिया पारंपरिक एवं आधुनिक भारतीयता का पर्यायवाची बन चुका था। कंपनी ने तेज़ गति से विकास किया और देश के सभी कस्बों और शहरों में अपने स्टोर्स बना लिये। वे सभी जो इससे जुड़े हुए थे, जिनमें कलाकार भी शामिल थे, पैसा और मुनाफ़ा कमाया। पहली बार कारीगर उस कंपनी के स्वामी बन रहे थे, जिसके लिये वह काम कर रहे थे। वह भारत में भुला दिये गये बुनाई और वस्त्रों को मध्यमवर्गीय लोगों के लिये लेकर आये।

बिसैल दो अग्रणी विचारों के पीछे की ताक़त हैं – सामुदायिक स्वामित्व वाली कंपनी का मॉडल और संगठित रीटेल व्यापार। इन दोनों ही विचारों का उस समय लगभग नहीं के बराबर अस्तित्व था। किसी ने बिसैल के विचारों या इरादों पर शक नहीं किया पर फिर भी वह कंपनी की लाभकारी क्षमता के बारे में बड़े निवेशकों को मनाने में असफल रहे।

उन्होंने लाक्षयिणक परिशुद्धताओं के साथ अपनी विफलता का विश्लेषण किया। आमतौर पर अग्रणी लोग किसी भी प्रकार की विफलता को व्यक्तिगत रूप से नहीं लेते हैं और उन्होंने भी नहीं लिया। वह बाज़ार की स्थिति के बारे में भलीभांति समझते थे और साथ ही रीटेल व्यापार के कठोर स्वभाव के बारे में भी वह जानते थे, कि उन्हें अपनी आपूर्ति श्रृंखला को अभी और दुरुस्त करना है। सप्लायरों का एक विश्वसनीय नेटवर्क बनाना एकमात्र चुनौती भरा कार्य था। ज़मीन की भारी लागत, कमज़ोर संरचनात्मक ढाँचा, बड़ी लागत और मुनाफ़े का दबाव और उचित परिस्थिति का अभाव कुछ ऐसे दूसरे मुद्दे थे, जो रिटेल व्यापार को ख़राब कर रहे थे।

'आपको एक बहुत तेज़ खेल खेलना होगा और इस माहौल में भारी लागत और मुनाफ़े के दबाव हैं। ऐसे खुदरा व्यापारियों का प्रभाव जो घाटा सहने को तैयार हैं, इस स्थिति को और चुनौतीपूर्ण बनाता है – आप पर हर तरह से दबाव है। आपको इन सब को संभालना होगा। हमारे पास कई छिपे हुए ख़तरे भी हैं। जब मैंने प्रारंभ किया उस समय कोई उचित तंत्र नहीं था,' बिसैल कहते हैं।

तीन साल बाद बिसैल को एक सहयोगी मिला। पूर्व विश्व बैंक

अध्यक्ष जेम्स वोल्फ़ेन्सन के निजी इन्वेस्टमेंट फ़ंड ने 110 लाख डॉलर ख़र्च करके छः प्रतिशत 6 प्रतिशत भागीदारी प्राप्त कर ली, जिसके कारण फ़ैब इंडिया का मूल्य सात सौ पचास करोड़ हो गया। पर वास्तव में बिसैल ने इस सफलता को अपनी पूर्व में रुपये असफलता के संदर्भ में देखा। वे इस बात का श्रेय भारतीय आर्थिक वातावरण को देते हैं : 'हमने 2007 में अपने मूल्य को काफ़ी हद तक बढ़ा लिया था। उस समय भारत की कहानी बहुत चर्चित थी।'

शायद सफलता या असफलता को ज़्यादा गंभीर रूप से न लेने की योग्यता ही है, जो एक व्यक्ति को अग्रणी बनाने में मदद करती है। बिसैल वापस मुड़े और हर स्थिति का कठोर विश्लेषण किया। उन्होंने सही और ग़लत विकास को अलग-अलग बाँटकर 'कैसे' और क्यों का विश्लेषण किया।

'मैं थोड़ी सम्पन्न पृष्ठभूमि से आया हूँ, मेरी चुनौतियाँ पहली पीढ़ी के उद्यमियों की भांति निरुत्साहित कर देने वाली नहीं थीं - ऐसे उद्यमी जिन्होंने शून्य से सब कुछ बनाया।'

बिसैल ने हर झटके को एक मूल्यांकन एवं सुधार करने के अवसर की भांति लिया। फिर भी वे 2004 में धन जुटाने में असफल हो गये और अपनी किताब, 'मेकिंग इंडिया वर्क' पर काम करने का निश्चय किया। किताब यह पता लगाती है, कि भारत में क्या परेशानियाँ हैं, और बिसैल अपने अनुभव के आधार पर समाधान सुझाते हैं। ठीक उसी समय जब बिसैल किताब पर काम कर रहे थे, उनके ऊपर साथियों ने द्वारा डाला कि उन्हें समारोहों और नेटवर्किंग पार्टियों में जाना चाहिए।

'मैं उनका साथ नहीं दे पाया, क्योंकि मैं बहुत सारे काम करने में व्यस्त था। मैंने अपना समय पुस्तक लिखने में लगाया, वास्तव में मैंने अपना पूरा ध्यान पुस्तक पर ही लगाया। मैंने अपना समय और ऊर्जा पुस्तक पर ही लगाये और वे दो व्यक्ति जिनसे मैं मिलना चाहता था, उन्होंने पुस्तक पढ़ी और मेरे पास आये। जैसे ही आप अपनी योग्यताओं का विस्तार करते हैं, दुनिया अलग तरह की दिखने लगती है।'

वह कहते हैं, कि 'यदि आप स्वयं को उन्नत करते हैं, तो संसार और अर्थपूर्ण होता जाता है।' संसार एक प्याज की तरह है। आप विभिन्न स्तरों पर इसे काट सकते हैं, और आप जहाँ आज हैं, यह इसका नतीजा है कि आपने इसे किस तरह काटा है।

न ज़्यादा सोचें और न ज़्यादा विश्लेषण, बस आगे बढ़ें!

सरकारी नीतियों में स्नातक विलियम बिसैल ने जब छोटे हथकरघा निर्यात केन्द्रों को हाथ में लिया और इसे राष्ट्रीय स्तर की रीटेल श्रृंखला के रूप में स्थापित करने का निश्चय किया, जिसमें कारीगर शेयर धारकों के रूप में काम करने वाले थे, तो इसे बेतुका, अजीब और लगभग कभी न संभव हो सकने वाले व्यापार के रूप में देखा गया। नब्बे के दशक में, समुदाय के मालिकाना हक़ वाली कंपनियों की अवधारणा उतनी ही नयी थी, जितनी कि उदारवाद की। कारीगर आपके लिये काम करते थे, किन्तु वे कंपनी के मालिक नहीं बन पाते थे। बिसैल न केवल पूरी तरह से नये प्रकार के व्यवसाय पर काम कर रहे थे, बल्कि वह संगठित रूप से रीटेल के लिये भी कार्य करना प्रारंभ कर रहे थे। यह एक ऐसा व्यवसाय था, जो अस्पष्ट और जोख़िम भरा था। बिसैल के पास किसी तरह की नियम पुस्तिका नहीं थी, कि जिसके आधार पर उन्हें काम करना था। वह कहते हैं, कि यह खोज की एक अनवरत प्रक्रिया थी।

यद्यपि, बहुत-से मामलों में बिसैल अग्रणी होने के मार्ग में आने वाली मुसीबतों और परीक्षण के बारे में बिल्कुल बेफ़िक्र थे। वह कहते हैं, केन्द्रित लक्ष्य और दृढ़ संकल्प के साथ चलना शुरू करना चाहिए, आपको अति विश्लेषण नहीं करना चाहिए। 'हतोत्साहित होना ज़्यादा देर तक नहीं टिकता। मैं एक या दो दिन में उबर कर फिर वापस आ जाता हूँ। मैं हतोत्साहित होकर नहीं रहता। जब आप लगन के साथ ज़ोर देकर काम करते हैं, तो आपके काम का दायरा विस्तृत हो जाता है।'

उनके पिता जॉन बिसैल के द्वारा प्रारंभ किया गया निर्यात का व्यापार बिसैल ने संभाल लिया। फ़ैब इंडिया विशेष रूप से भारत में हथकरघा को आगे बढ़ाने के लक्ष्य के साथ स्थापित किया गया था। इसकी स्थापना

1960 में हुई थी और शुरुआत में जॉन बिसैल के नई दिल्ली स्थित घर के दो कमरों से इसे चलाया गया।

जब विलियम ने 1999 में इसे संभाला, बहुत सारे ऐसे लोग थे, जिन्होंने उनके कार्य करने के तरीक़े पर प्रश्न किये। उन्होंने रीटेल के प्रति अपनी स्वाभाविक समझ पर ध्यान केन्द्रित किया, जिसे वे उनकी दूसरी चमड़ी कहते हैं, और उन्होंने ग्राहकों को वह सब दिया, जो वह चाहते थे। यहाँ तक कि उन्होंने कंपनी और उसके ब्रांड के समाजवादी दृष्टिकोण को भी जस का तस रखा। लाभ कमाना और मजदूरों के लिये लड़ना, ये दोनों चीज़ें अक्सर साथ नही चलतीं। किन्तु विलियम ने एक मज़बूत 'सतर्क पूंजीवाद' स्थापित किया - पूंजीवाद की प्रकृति के विपरीत जो कि भारत और भारतीय व्यवसाय में महामारी की तरह आया।

आज फ़ैब इंडिया देश में सबसे ज़्यादा मुनाफ़े वाली रीटेल कंपनियों में से एक है। फ़ैब इंडिया में बाइस हज़ार से ज़्यादा कारीगर कार्यरत हैं। वे सभी समुदाय के मालिकाना हक़ वाली कंपनी में शेयर धारक हैं, जिसे विलियम ने सालों में क्रमिक रूप से विकसित किया है।

सामुदायिक प्रकार की कंपनी का हिस्सा बनने में पहला प्रतिरोध स्वयं कारीगरों की ओर से ही आया। बिसैल शेयरों एवं स्वामित्व की अवधारणा को समझाने गाँव-गाँव गये, क्योंकि कारीगरों के पास नियमित आय की कोई अवधारणा ही नहीं थी और उनके पास अपनी कारीगरी के लिए बहुत कम सम्मान होता था।

'बहुत सारे लोगों ने कहा, 'आप क़ाग़ज का टुकड़ा दे रहे हैं।' वे नहीं जानते थे कि यह क़ाग़ज का टुकड़ा उन्हें उनके अधिकार, डिविडेंड दिला सकता है। इस मार्ग में बहुत निराशा थी, और साथ ही हताशा एवं चुनौतियाँ थीं। पर यदि मैं तैयार हूँ, तो मैं आगे बढ़ूँगा। मैं उस बिन्दु पर था जहाँ मैंने जाना, कि यही वह मॉडल है, जो काम करता है।'

पिछले दशक में फ़ैब इंडिया दिल्ली स्थित एक स्टोर से बढ़कर पूरे देश में 169 स्टोरों के नेटवर्क तक फैल गया और देश से बाहर भी आठ स्टोर खुल गये। सामुदायिक मालिकाना हक़ वाली कंपनी में 86,000

कारीगरों की समर्पित सप्लाई चेन कार्य कर रही है। फ़ैब इंडिया अपने सभी माल का निर्माण इन्हीं सामुदायिक मालिकाना हक़ वाली कंपनियों से कराता है। भारत में, जहाँ रीटेल की स्थिति को पूरी तरह समझाना ज़्यादा कठिन है बजाय सरकारी कार्य करने के ढंग को समझाने के, बिसैल ने सामाजिक लक्ष्य के साथ लगातार मुनाफ़ा कमाने की व्यवस्था को समझा।

विलियम ने अपने संस्थान को शून्य से बनाया है। उन्होंने सामुदायिक मालिकाना हक़ वाली कंपनी (सी.ओ.सी.) की अवधारणा का विकास सन् 2007 में किया, जिसका उद्देश्य फ़ैब इंडिया की धमाकेदार रीटेल विस्तारीकरण योजनाओं के लिये सप्लाई चेन को मज़बूत करना था।

वितरण कड़ी को विकसित करने के अलावा, फ़ैब इंडिया तकनीकी जानकारियों को मज़बूती प्रदान कर रही है, और सप्लाई चेन के गुणवत्ता मानकों में भी सुधार कर रही है। डिज़ाइनरों का समूह बारीकी से कारीगरों के साथ बैठकर उत्पादों की रूपरेखा तैयार करता है, जो कि बाज़ार में ले जाने के लिये तैयार होते हैं। खुदरा की बारीकियों के लिए कारीगरों को गुणवत्ता बनाए रखने, डिज़ाइन के स्तर और समय पर काम पूरा करने के महत्त्व को समझाने के लिए प्रशिक्षित किया जाता हैं। वे लोग जो केन्द्र के उत्पादन प्रमुख बनते हैं, उनके लिये आवश्यक है, कि उन्होंने एम.बी.ए. किया हो, जिसे अन्तर्राष्ट्रीय प्रबंधन विद्यालय, दिल्ली के सहयोग से चलाया जाता है।

अब बिसैल की योजनाओं में शामिल है, इस व्यवसाय को छोटे शहरों तक ले जाना। ज़्यादा निवेशक शामिल करना ज़रूरी है, पर वह ऐसा करने के लिये कठोर परिश्रम करेंगे और निवेशकों की आशाओं एवं कारीगरों की आकांक्षाओं के बीच संतुलन स्थापित करने का प्रयास करेंगे।

अब तक, व्यवसाय ग़रीबी कम करने और जीवन को उन्नत बनाने का साधन रहा है। उन्होंने ऐसा कर दिखाया क्योंकि वह निवेशकों के चुनाव में बहुत विवेकपूर्ण रहे हैं। उन्होंने यह निश्चित किया है कि निवेशक भी उनके दृष्टिकोण को उतना ही अपनाएँगे, जितना वे मुनाफ़े में हिस्सा चाहते हैं।

बिसैल कहते हैं कि बरसों उद्देश्यविहीन घूमने से उसकी स्पष्ट सोचने

की शक्ति एवं लक्ष्य निर्धारिण की योग्यता में बढ़ोत्तरी हुई। बिना कारण के भटकता उद्देश्यहीन लग सकता है, लेकिन यह एक रचनात्मक दिमाग़ के लिये ईंधन का काम करता है। और बिसैल की दूसरी तरकीब है, दिन में सपने देखना। 'जागते हुए सपने देखने में आपके दिन का 20 प्रतिशत समय लगना ही चाहिये,' वह कहते हैं।

'जब आप दिशा विहीन घूमते हैं, यह आपके दिमाग़ को विभिन्न प्रकार की चीज़ों के लिये खोल देता है। दिन में स्वप्न देखना दिमाग़ का सबसे अच्छा अभ्यास है। कल्पनाओं के माध्यम से ही बेहतरीन विचार आते हैं। मैं उद्देश्य के बिना बहुत ज़्यादा घूमा हूँ।'

'मैंने ऐसा कुछ किया है जिसे करने की मुझे बहुत इच्छा थी, लोग मुझसे ऐसे उपाय पूछते हैं जिससे वे बहुत सारा धन कमा सकें। आप को जुनून रखना ही होगा। है। उन चीज़ों को खोजो, जिनके बारे में आप लालायित रहते हैं धन कभी जुनून नहीं हो सकता। मेरा जुनून, एक ऐसा मॉडल विकसित करने में है, जिसमें कारीगर, शिल्पकार और उत्पादक फलते-फूलते बाज़ारों और सुसंगठित रीटेल के हिस्सेदार बनें।'

मैं असफल क्यों रहा

- मेरे व्यवसाय के मॉडल को अधिक केन्द्रित रहने की आवश्यकता थी।

सलाह

- उद्देश्यविहीन होकर घूमो - उद्देश्यविहीन होकर घूमना आपके दिमाग़ को खोल देता है।
- कल्पनाओं के माध्यम से बेहतरीन विचार आते हैं।
- विफलताओं पर स्थिर न रहो। जितना आप इन पर ध्यान कन्द्रित करेंगे, वे उतनी ही बड़ी दिखाई देंगी।

'आप महसूस करते हैं कि आप अकेले हैं।
आपकी लड़ाई आपकी है।
आपका युद्ध आपका ही है।'

संजीव गोयनका

आर.पी.जी. एंटरप्राइज़ेस के उपाध्यक्ष, संजीव गोयनका ने सफलता की आसान राह चुनने में कभी विश्वास नहीं किया - चाहे वह सी.ई.एस.सी. का आधिपत्य हासिल करना हो या फ़र्स्टसोर्स सोल्यूशन्स का - वे हमेशा व्यापार की गहरी समझ के चलते सभी संशयवादियों को चुप कराने में सफल रहे। गोयनका किसी अच्छे व्यवसायिक अवसर को तुरंत भाँप लेते हैं। समूह दूसरे व्यापारों के साथ-साथ सारेगामा इंडिया लिमिटेड और रीटेल श्रृंखला 'स्पेन्सर' भी चलाता है।

ओह, यह आदर्शवाद

भले ही आप भारत के सबसे पुराने व्यापारिक घरानों में से एक के वंशज हों, दो शताब्दियों में खड़े किये गये कई हज़ार करोड़ रुपये के व्यापार के वारिस हों, आपके पास श्रेष्ठतम को सीखने के मौक़े और सुविधाएँ हों, फिर भी शिखर पर पहुँचने की आपकी यात्रा चुनौतियों, अकेलेपन और कलह से भरी हो सकती है। संजीव गोयनका की यात्रा भी कुछ ऐसी ही रही है। सुविधाओं और अवसरों की गोद में जन्मे गोयनका ने कई बार अपने आपको उस समय अकेला पाया, जब वे ज़िन्दगी को बदल देने वाली अत्यन्त महत्त्वपूर्ण परिस्थितियों से लड़ रहे थे।

लगभग एक दशक तक कलकत्ता विद्युत आपूर्ति निगम (सी.ई. एस.सी) के साथ काम करने के पश्चात् - एक ऐसी कंपनी जिसे सब आशंकाओं के अनुरूप उन्होंने ख़रीदा था, उसमें उनके पिता स्व. श्री राम प्रसाद गोयनका भी शामिल थे, जो आज भी उनके प्रेरणा स्त्रोत हैं। गोयनका जब 28 वर्ष के ही थे, तो वह उत्साह, आदर्श और विश्वास से इतने भरे हुए थे कि वह सोचते थे कि वह बीमार कलकत्ता विद्युत आपूर्ति निगम में परिवर्तन ला सकते हैं, जो उस समय, बारह से चौदह घण्टे के लिये कलकत्ता में (वर्तमान में कोलकाता) बिजली गुल रहने के लिये कुख्यात थी। यह कंपनी बड़े पैमाने पर प्रसारण एवं वितरण की हानियों (लगभग 28 प्रतिशत) से भरी थी, लाभ नगण्य (पाँच करोड़) था और सभी मशीनें आधी क्षमता से चल रही थीं।

'जब यह प्रस्ताव मेरे सामने आया, किसी ने मुझसे कहा यह एक बड़ा अवसर है। जब मैंने अपने पिता से कलकत्ता विद्युत आपूर्ति निगम के बारे में बातचीत की, उन्होंने कहा - रोज़ बिजली जायेगी और सारा शहर तुम्हें गाली देगा।' आर.पी.जी. समूह के संस्थापक, उनके पिता स्वर्गीय डॉ. राम प्रसाद गोयनका, उसी तरह अपने कनिष्ठ पुत्र के बिजली निर्माण की तरफ़ झुकाव को लेकर संशय में थे, जैसे बाक़ी सभी लोग।

अधिग्रहण के पश्चात् जब संजीव गोयनका कलकत्ता विद्युत आपूर्ति निगम के कार्यालय पहुँचे, तो वहाँ जैसे मुर्दानगी छायी हुई थी और पुतले जलाये जा रहे थे और 'संजीव गोयनका मुर्दाबाद' के नारे भी लगाये जा रहे थे।

जब भी कोई नयी परियोजना शुरू की जाती है या कुछ भी नया प्रारंभ करने पर प्रथा यह है, कि उस समय आशीर्वाद लेने के लिये प्रार्थना सभा आयोजित की जाती है। और गोयनका इस आयोजन में एकदम अकेले खड़े थे, उनके कलकत्ता विद्युत आपूर्ति निगम के साथियों ने उनका और उनके निर्णय का बहिष्कार किया। 'एक व्यक्ति भी नहीं था, जो पूजा में आया हो। वहाँ बहुत विद्रोह दिखायी दे रहा था।'

शायद यह एक अनुभव था, कलकत्ता विद्युत आपूर्ति निगम को पल्लवित करने से मिली सीख और प्रत्येक कर्मचारी को यह समझाते समय कि वह कंपनी के लिये एक सपना लेकर आये हैं - उन्होंने विद्रोही लोगों को एक ऐसे दल के रूप में परिवर्तित कर दिया, जो उनके साथ कठिन क्षणों में भी खड़े हो सकते थे। इससे गोयनका एक और चुनौती के लिये तैयार हो सके जो एक दशक पश्चात् सरकार के विरूद्ध उन्हें और उनके साथियों को धराशायी कर सकती थी।

हार जाने का डर हमें अक्सर पहला क़दम उठाने से रोकता है, यहाँ तक कि प्रयास करने से भी, और अन्तर्रात्मा की वह आवाज़ सुनने से भी जो कहती है : हाँ, मैं कर सकता हूँ। 'मैं जानता था, कि मैं प्रयास के अभाव में कभी विफ़ल नहीं होऊँगा। मैं प्रयास न करके विफल होने के बजाय प्रयास करके विफल होना चाहूँगा,' गोयनका कहते हैं। कुछ ही सालों में, कलकत्ता विद्युत आपूर्ति निगम ने नया मोड़ लिया, एक कंपनी जो लगभग ग़ायब हो गयी थी, अपने प्रतिद्वंदियों के सामने एक गंभीर चुनौती के रूप में निकल कर आयी, ऋण भी कम हो गया और कंपनी की कार्यकुशलता में भी वृद्धि हो गयी। गोयनका कहते हैं, 'धीरे-धीरे, सब कुछ ठीक होने लगा।'

गोयनका ने यूनियनों को सँभाला और उन्होंने बिना किसी विरोध के एक ही दिन में पैतींस सौ काम करने वालों की छँटनी कर दी। सी. ई.एस.सी. पावर स्टेशन का लोड फ़ैक्टर दोगुना हो गया और क़र्ज़ और

इक्विटी का अनुपात अपने न्यूनतम स्तर पर आ गया।

'टीम के लोगों के साथ जुड़ने एवं उन्हें यह बताने के लिए कि मैं यहाँ आपकी नौकरी छीनने के लिये नहीं हूँ, मैं पूरी तरह पारदर्शी था। उन्होंने मुझमें जो देखा, वह थी निष्कपटता और आशा,' वह कहते हैं।

यह विडंबना ही थी, सी.ई.एस.सी. का मुक़ाबला इसके मुख्य आपूर्तिकर्ता एवं नियंत्रक के साथ था। जैसे ही सी.ई.एस.सी. से मुकाबला प्रारंभ हुआ, मुख्य आपूर्तिकर्ता और प्रतियोगी ने आपूर्ति में कमी करना शुरू कर दिया, क्षमता में बढ़ोत्तरी की अनुमति रोक दी गयी थी और कंपनी को यह अनुमति नहीं थी कि वह ऐसे कारोबारी निर्णय ले सके जो शुल्क दर में बढ़ोत्तरी कर रहे हों। 1999 के दौरान गोयनका ने प्रशासन के विरूद्ध कलकत्ता उच्च न्यायालय जाने का निर्णय लिया।

गोयनका ने असफलता के डर और भावनात्मक दबाव को दरकिनार किया (उनके पिता ने दो दिन तक खाना भी नहीं खाया) और जब उन्होंने कलकत्ता विद्युत आपूर्ति निगम को अधिग्रहित किया था तब उनके विश्वास में वृद्धि हुई थी। वह एक बार फिर स्वेच्छा से मुसीबत मोल ले बैठे थे। लेकिन इस बार युवा उमंग और उत्साह तथा आदर्शवादिता उनके साथ थी, और वह एक अनुभवी व्यवसायी बन चुके थे।

यह शायद पहली बार हुआ कि एक उद्योगपति ने यह निश्चय किया हो कि वह सरकार को न्यायालय के दरवाज़े तक ले जाये। और गोयनका ने एक बार फिर स्वयं को अकेला पाया। 'जल में रहकर मगर से बैर नहीं होता,' यह उन्हें अक्सर बताया जाता था।

'आश्चर्यजनक रूप से बंगाल का पूरा औद्योगिक समुदाय मेरे खिलाफ़ इकट्ठा हो गया। मुझे लग रहा था कि मुझे सभी तरफ़ से, राज्य सरकार से लड़ते हुए और पचास कॉर्पोरेटों द्वारा, चुनौती दी जा रही थी।'

गोयनका एक दशक पहले ऐसी ही स्थिति से उबर गये थे जब उन्होंने कलकत्ता विद्युत आपूर्ति निगम ख़रीदा, किन्तु वह संजीव गोयनका, जो राज्य सरकार को चुनौती दे रहे थे, एक दशक बाद ज़्यादा आत्मविश्वासी, बहुत दृढ़ विश्वास वाले एवं गहरी समझ, अनुभव वाले हो गये थे। और

यह सब गुण उनमें एक कंपनी को दृढ़ संकल्प के साथ पल्लवित करते हुए नया जीवन देने के कारण आए। गोयनका ने अपने विरोधियों को समझाया और विरोधी दलों को एक समर्थन बैंक के रूप में तैयार किया और अपने व्यवसायिक दृष्टिकोण, अनुशासन और नेतृत्व क्षमता से कंपनी के हज़ारों कर्मचारियों के भाग्य बदल दिये।

सत्य का पल

उनकी सफलता बहुत सारे मित्रों के साथ आयी, लेकिन उनकी विफलता और कमज़ोरियों ने उन्हें अलग-थलग भी कर दिया, सबसे बढ़कर उनके परिवार के भीतर ही।

चूंकि गोयनका ने कानूनी लड़ाई लड़ी थी, कंपनी एक बार फिर से दिवालियेपन की कगार पर थी और कहीं से किसी भी प्रकार की मदद (वित्तीय या भावनात्मक) नहीं आ रही थी।

'परिवार ने सी.ई.एस.सी. में धन लगाने से मना कर दिया : मैं नहीं जानता था, कि मैं वेतन कैसे दूंगा,' वह कहते हैं।

वह आगे कहते हैं, 'फिर भी वहाँ एक सहयोग का छलावा था। संयुक्त परिवार की ख़ासियत यह है, कि वहाँ अलग-अलग तीलियाँ होती हैं जिससे एक पहिया बनाता है, उसके बाद आप यह महसूस करते हैं कि आप तीलियाँ और पहिया हैं।'

ज़्यादातर स्थितियों में मदद वहाँ से मिलती है जहाँ से आप अपेक्षा भी नहीं करते हैं। चूंकि गोयनका एक भारी भावनात्मक दबाव के दौर से गुज़रे थे, उन्होंने आई.सी.आई.सी.आई. बैंक से मदद के लिये संपर्क किया और वे उस समय के सी.ई.ओ के.वी. कामथ को कंपनी को स्थिति में संतुष्ट करने में सफल रहे।

'आई.सी.आई.सी.आई. बैंक आगे आया, और चूंकि मैं मुश्किल दौर गुज़र रहा था, मैंने महसूस किया कि आप अपनी लड़ाईयों में अकेले होते हैं। ऐसा महसूस करना कोई अच्छा अनुभव नहीं होता है। यह सत्य का ऐसा क्षण था जिससे उबरने में मुझे कुछ समय लगा। आप महसूस

करते हैं कि वह सहयोग तंत्र जिस पर आप भरोसा करते हैं, सिर्फ़ शाब्दिक अर्थों तक सीमित है, पर वास्तव में वह वहाँ नहीं होता। जो लोग मेरे साथ थे, वे केवल मेरे पिता, पत्नी और बच्चे थे।'

गोयनका नकारात्मकता से डरे नहीं। यह भावनात्मक रूप से थकाने वाला था, पर सत्य के आभास ने उन्हें प्रेरित भी किया। वह स्वयं को और अपने पास सभी को और उन्हें जिन्होंने उनकी लक्ष्य प्राप्त करने की उपलब्धि पर शक जताया था, सिद्ध करके दिखाना चाहते थे।

मैंने निराशा को एक तरफ़ रख दिया। मैंने स्वयं को केवल अपने काम पर केन्द्रित किया और जब आप वास्तविकता से दो-चार होते हैं, तो महससू करते हैं, कि सहारा कभी भी नहीं था। जब भी कभी संकट आता है, आप महसूस करेंगे कि आपने इससे अकेले ही निजात पायी।

गोयनका उच्च न्यायालय से मामला जीत चुके थे। 'एक बार हमने उच्च न्यायालय से मामला जीत लिया, उसके बाद हमने पीछे मुड़कर नहीं देखा। अचानक ही मेरे अन्दर एक लीडर के रूप में आत्मविश्वास का संचार हुआ,' वह कहते हैं।

वे आगे जोड़ते हैं, 'विद्रोह ने कभी भी मुझे आतंकित नहीं किया।'

पुतले जलाने, विद्रोह करने और अलग पड़ने का व्यापार

गोयनका के लिये उनके पुतले जलाये जाना हतोत्साहित करने वाला था, पर इसने उनके सफल होने के संकल्प को और मज़बूती दी।

जैसा कि स्पष्ट है, गोयनका की यात्रा लगातार स्वयं को सिद्ध करते रहने की रही है। वह मील के पत्थर तक पहुँचे और नकारात्मक कहने वालों को ग़लत सिद्ध किया, फिर उनके सामने एक और लड़ाई, एक और मील का पत्थर खड़ा कर दिया गया। अधिकतर मामलों में, उनके पास आसान मार्ग चुनने का विकल्प था - उन्हें कलकत्ता विद्युत आपूर्ति निगम की चुनौती लेने और उसमें विफल होने की कोई आवश्यकता नहीं थी, पर यही कारण था, कि उन्होंने ऐसा किया। वह जानते थे इस दौरान मिले सबक बहुत क़ीमती होंगे, और ऐसा ही हुआ।

उन्हें प्रशासन और राज्य सरकार के ख़िलाफ़ एकाकी युद्ध नहीं लड़ना चाहिए था, पर उनके लिये यह भारत में व्यापार को नये सिरे से परिभाषित करने का विषय था। यह एक दृष्टि, एक नेतृत्व, एक विचार के बारे में था। और अक्सर ऐसी पथ प्रदर्शक यात्राएँ अकेले ही की जाती हैं।

'यह एक उथल-पुथल भरी, पर संतुष्टि देने वाली यात्रा रही। इस शहर (कोलकत्ता) ने मुझमें विश्वास करना शुरू कर दिया। ऐसे में मैं जो कर रहा हूँ, वह सही ही होगा - यह अपेक्षा भयभीत करती है, और उसने मुझे हमेशा के लिये ऐसा बना दिया, कि मुझसे हमेशा ऐसी अपेक्षाएँ की जा सकें।' गोयनका स्व-प्रेरणा और कौशल से इतने ही संचालित हैं जितने आंकड़ों और तथ्यों से उनकी सोच जोड़ने वाली और सबको सहमत कर देने वाली थी। पर जहाँ निर्णय प्रक्रिया लोकतांत्रिक रही, उनके दिमाग़ में हमेशा यह बात रही कि पैसा उन तक आकर रुक जाता है - 'कि निवेशक आपके कारण यहाँ है।'

'मेरे समूचे अनुभव ने मुझे स्वयं में विश्वास करने वाला व्यक्ति बना दिया। एक बहुत सुरक्षित व्यक्ति।'

'मैं एकदम स्पष्ट हूँ कि मुझे क्या करना है और कैसे करना है।' आज हम भारत में बहुत अच्छा प्रदर्शन कर रहे हैं, और यहाँ पर वही पुरानी टीम काम कर रही है। मेरी सबसे बड़ी उपलब्धि यह रही कि मैंने अपने सहयोगियों को कुछ कर दिखाने के लिये प्रेरित किया। अब हम सबसे अच्छे प्रदर्शन और उत्कृष्टता पर केन्द्रित हो रहे हैं।

'जब हमने दरें बढ़ायी तो शहर की तरफ़ से कोई प्रतिक्रिया नहीं आयी। शहर को यह विश्वास होने लगा था, कि अगर संजीव गोयनका कुछ कर रहा है तो यह सही ही होगा। यह अपेक्षा डराने वाली हैं, लेकिन यह मुझे लगातार व्यस्त रखती है।'

मैं असफल क्यों रहा

- मैं स्वयं की और दूसरों की अपेक्षाओं पर खरा उतरने में असफल रहा। मेरे आस-पास सहारे का सिर्फ़ छलावा था।

सलाह

- अपने आपको विफलता के लिये तैयार करना एक बहुत ही सीखने वाला अनुभव हो सकता है।
- ज़िन्दगी के सबसे मुश्किल दौर में आपके भीतर की सर्वश्रेष्ठ बातें बाहर आती हैं।
- आप सबसे मुश्किल परिस्थितियों में अक्सर बिल्कुल अकेले होते हैं।
- नकारात्मकता को एक तरफ़ रखें और काम पर केंन्द्रित रहें।

'वह एक ज़बरदस्त तूफ़ान सा था'

शंकर शर्मा

शंकर शर्मा एक शिष्ट, स्पष्ट, उतावले और भारतीय स्टॉक मार्केट से जुड़े साहसिक व्यक्ति हैं। वे फ़र्स्ट ग्लोबल नामक प्रतिभूति फ़र्म के संस्थापक भी हैं। शर्मा ने निर्भीकता से तीन साल तक भारतीय सरकार से एक मुश्किल व निष्ठुर लड़ाई लड़ी। फ़र्स्ट ग्लोबल पहली भारतीय कम्पनी है, जिसे लंदन स्टॉक एक्सचेंज की सदस्यता मिली। शर्मा लगातार भारतीय स्टॉक बाज़ार के शक्तिशाली व्यक्ति के रूप में बने हुए हैं जो अपने विरोधाभासी निर्णयों के लिये जाने जाते हैं। फ़िलहाल, शर्मा ने अपनी पूरी ऊर्जा अपने नये प्रोजेक्ट 'सेरेब्रा ब्रेन टेक प्राइवेट लिमिटेड' में लगा दी है – यह शोध आधारित उपक्रम है, जिसमें तंत्रिका तंत्र से संबंधित बीमारियों जैसे ऑटिज़्म का समाधान किया जाता है। उनका एक और जुनून है रहस्यमयी उपन्यास लिखना। वह अपनी पत्नी और व्यावसायिक सहयोगी, देविना मेहरा से बेइंतेहा मोहब्बत के लिये भी जाने जाते हैं।

फ़र्स्ट ग्लोबल के संस्थापक, शंकर शर्मा शोक प्रकट करते हुए कहते हैं, 'जीवन के उस दौर में मौत को गले लगाना ही सही दिख रहा था।'

शंकर शर्मा की कहानी उदारवादी भारत की एक सटीक कहानी है - यहाँ असाधारण महत्त्वाकांक्षा, सफलता और अवसर हैं, इनमें से कुछ सरकार के सहयोग के कारण हैं और कुछ सरकार के विरोध के कारण।

एक छोटे से शहर के मध्यमवर्गीय लड़के ने भारतीय स्टॉक मार्केट में बड़ी छलांग लगायी, जो कड़ी मेहनत, बुद्धिमानी और दृढ़ निश्चय के कारण संभव हुआ। वह तब तक इक्विटी के बाज़ार में बाहरी व्यक्ति थे जब तक कि वह स्टॉक मार्केट के बड़े खिलाड़ी के रूप में स्थापित नहीं हो गये और भारत में सबसे बड़े करदाताओं में से एक नहीं बन गए। यह इस शताब्दी (सन् 2000) की शुरुआत थी। 2011-12 में बॉलीवुड सितारों के द्वारा दिये जाने वाले कर से कहीं ज़्यादा कर का भुगतान शर्मा करते थे।

उनकी ब्रोकरेज फ़र्म, फ़र्स्ट ग्लोबल, पहली भारतीय कंपनी बनी जिसे लंदन स्टॉक एक्सचेंज की सदस्यता मिली। *एशिया मनी* पत्रिका द्वारा इसे भारत में पहले तीन ब्रोकरेज हाउस के स्तर पर रखा गया। सन् 1999-2000 में फ़र्स्ट ग्लोबल की व्यापारिक सालाना आमदनी सात हज़ार तीन सौ बयालीस करोड़ रुपये थी।

यह शंकर शर्मा और उनकी पत्नी देविना मेहरा के लिये एक स्वप्न-यात्रा रही है, जिन्होंने शर्मा के सिटी बैंक की नौकरी छोड़ने के बाद मिलकर कंपनी प्रारंभ की। दोनों ही भारतीय प्रबंध संस्थान (आई.आई.एम.) से स्नातक, और परिवार में पहले थे, जो उद्यमी बनने जा रहे थे। तभी एक दिन ग़लत निवेश के निर्णय ने उनके द्वारा कमायी एवं बनायी हुई सभी चीज़ों को दाँव पर लगा दिया।

यह 2001 की गर्मियों में हुआ था। शर्मा अपनी पत्नी देविना मेहरा जो कि अमेरिका की फ़र्म में हिस्सेदार भी हैं, के साथ यात्रा कर रहे थे। वे (नास्डैक) एन.ए.एस.डी.ए.क्यू. प्रमाणिकता साक्षात्कार के लिये न्यू यॉर्क

जा रहे थे, जब उन्हें बाध्यता अभिकरण (एन्फ़ोर्समेन्ट एजेन्सी) द्वारा यह कहकर बुलाया गया कि जितना जल्दी हो सके भारत वापस आकर उन्हें सूचित किया जाए।

शर्मा और देविना मुंबई में सुबह चार बजे पहुँच गये और सीधे कोलाबा स्थित अपने घर गये जिसे कि आयकर विभाग द्वारा सील कर दिया गया था। उन्हें रात एक होटल में गुज़ारनी पड़ी। अगली सुबह, आयकर अधिकारियों ने घर खोला और पूरी तरह से तलाशी लेनी शुरू की - उन्होंने अव्यवहारिक रूप से उनकी अलमारियों, पुस्तकों काग़ज़ातों, तस्वीरों, पत्रों हर चीज़ को बाहर निकाल दिया, उन्हें खोला, और अघोषित/छुपी हुई आय को खोजने के बहाने तलाशी की शर्तों का उल्लंघन किया। शर्मा कहते हैं, 'यह एक दिखावा था।' यह स्पष्ट हो रहा था, कि शर्मा के खिलाफ़ न्यूज़ पोर्टल - तहलका में उनके निवेश के लिये मामला बनाने का प्रयास किया जा रहा था।

शर्मा को बाद में बताया गया कि उनसे उस तथाकथित आरोप के लिये पूछताछ की गयी जिसके तहत यह माना गया कि वह 2001 में बजट के बाद वाले स्टॉक बाज़ार की गिरावट के लिये जो बड़ा समूह काम कर रहा था, उसके सदस्य थे।

तहलका में शर्मा द्वारा किये गये निवेश ने उनका जीवन हमेशा के लिये बदल दिया। यह निवेश करने के निर्णय पर वे आज तक पछताते हैं। उस निर्णय की क़ीमत उन्होंने अपना सब कुछ गवाँ कर चुकाई - उनकी साख दावँ पर लगी थी और उनके पास बिल्कुल भी पैसा नहीं बचा। उनके बैंक खाते बंद कर दिये गये। शर्मा कहते हैं, यह साढ़े तीन साल का समय 'एक ज़बरदस्त तूफ़ान से भरा था।'

तहलका डॉट कॉम ने 2001 के बजट के कुछ दिन बाद ही रक्षा सौदा घोटाले को उजागर किया। स्टिंग ऑपरेशन में राजनीतिक नेताओं को नकली सैन्य सौदेबाज़ी वालों से रिश्वत लेते दिखाया गया। इस स्टिंग ऑपरेशन में शासन करने वाले दल, भारतीय जनता पार्टी जिसके अध्यक्ष, बंगारू लक्ष्मण थे, को कैमरे पर एक लाख रुपये लेते हुए दिखाया गया, जो कि सत्ताधारी पार्टी की छवि के लिये एक बड़ा नुक़सान था।

जैसे भाजपा शासित सरकार आलोचना का पात्र बनी, शर्मा भी प्रकट रूप से षड्यंत्र में भूमिका के संदेह के कारण निंदा के पात्र बने। किन्तु वह कहते हैं, कि सैकड़ों बार उनसे पूछताछ के दौरान यह स्पष्ट हो गया, कि उन्होंने जो भी निवेश समाचार तंत्र में किया था उसकी वजह से सरकार उनके पीछे पड़ी थी।

शर्मा के घर और कार्यालय पर छब्बीस बार छापा पड़ा। सभी अठारह शाखा कार्यालयों को बंद कर दिया गया। शर्मा के स्टॉक एक्सचेंज व्यापार करने से रोक लगा दी गयी। उन्हें तीन सौ कर्मचारियों की छुट्टी करनी पड़ी। और इसका अन्त यहीं नहीं हुआ।

शर्मा दो महीने के लिये कारागार में भी थे। उन्हें दिल्ली की तिहाड़ जेल में और मुंबई की आर्थर रोड जेल में आतंकवादियों और हत्यारों के साथ रखा गया। 2001 से 2004 के बीच, शर्मा को लगभग तीन सौ बार न्यायालय बुलाया गया। उन्होंने तथाकथित विदेशी विनिमय नियम अधिनियम के उल्लंघन के लिये भी चौहत्तर दिन कारागार में बिताये - आरोप था, एफ़.आई.आई. के साथ व्यापार प्रारंभ करने से पूर्व रिज़र्व बैंक ऑफ़ इंडिया से अनुमति नहीं ली गयी थी।

'यह एक ऐसा डरावना स्वप्न था जिसका कभी अन्त नहीं हुआ होता, यदि सत्ताधारी सरकार सत्ता से चली नहीं गयी होती।'

तहलका की स्टिंग कार्रवाई में दिखाये जाने से शर्मा के जीवन में बहुत बड़ा परिवर्तन आया। इस कार्यवाही में विभिन्न राजनीतिक हस्तियों के साथ-साथ सेना के सर्वोच्च अधिकारियों को रिश्वत लेने के लिये साँठ-गाँठ करते दिखाया गया, ताकि रक्षा सौदों को स्वीकृति मिल सके। शर्मा तहलका में 14.5 प्रतिशत भागीदारी के साथ मुख्य निवेशक थे। उन्हें बिना जमानत के जेल में जिस कानून के अन्तर्गत भेजा गया था उसे डेढ़ साल पहले ही संसद द्वारा रद्द कर दिया गया था। उन्हें विभिन्न एजेन्सियों एवं सरकारी विभागों से तीन सौ सम्मन प्राप्त हुए, जिसमें शामिल हैं आयकर विभाग, द इन्फ़ोर्समेन्ट डाइरेक्टोरेट, आबकारी विभाग, कंपनी मामलों का विभाग और रिज़र्व बैंक ऑफ़ इंडिया।

‘यदि यह सब दस साल चलता रहता, तो हम जीवित नहीं रह सकते थे।’

‘उनमें से हर व्यक्ति कठपुतली था। गुलाम इस्साजी वाहनवती (तत्कालीन भारतीय अटॉर्नी जनरल) ही अकेले व्यक्ति थे, जो आगे आये। यही वास्तविक जागृति थी। वे लोग हत्या तक कर सकते थे।’

‘जब आप व्यापार में निवेश करते हैं, आप नहीं सोचते कि आपका जीवन छीन लिया जायेगा। मैंने ऐसा नहीं सोचा था। और यह कोई बड़ा निवेश भी नहीं था।’

ऐसे क्षण भी आये जब मैं दूर जाना चाहता था। जब दबाव बहुत ज़्यादा था - भारत सरकार के पास आपको ढूंढने के लाखों रास्ते हैं।

फिर भी शर्मा, हर संभव तरीक़े से लड़े। वह खेल में शामिल तो हो ही गये थे और उन्होंने वह सारे कानून और अधिनियम पढ़ डाले, जो उनके खिलाफ़ लगाये गये थे। आयकर अधिकारियों के द्वारा पहली बार छापा मारने के बाद, शर्मा ने तलाशी एवं जप्ती विषय पर पुस्तक ख़रीदी। उन्होंने आयकर अधिकारियों से प्रश्न के विरूद्ध प्रश्न पूछे, उन्होंने अनुभव किया कि इस लड़ाई में उन्हें अपने पक्ष में क्रियाशील रहना होगा न कि प्रतिक्रियात्मक। उन्होंने सरकार की अगली चाल का अंदाज़ा लगाया और इसके लिये तैयार रहने के लिये सब कुछ किया।

यद्यपि यह आभास इतनी जल्दी नहीं हुआ। प्रारंभिक रूप से, सरकारी एजेन्सियों द्वारा उन्हें पकड़ने की हर चाल उनके लिए सदमे की तरह थी और एक नई सीख थी - जैसे कि उन्हें घर से पुलिस स्टेशन ले जाना, इस बहाने के साथ कि आयकर अधिकारियों के द्वारा लगाये गये आरोप पर उनके बयान दर्ज करने हैं। जब वह अपने करीबी मित्र की कार में थे तो उसने बताया कि वह गिरफ़्तार होने वाले हैं।

‘हमने हर स्तर पर लड़ाई लड़ी। मध्यमवर्गीय पेशेवर लोग अन्दाज़ा भी नहीं लगा सकते कि कानून विवेचना के लिये खुला है, अर्थात् इसकी व्याख्या की जा सकती है। हमने यह समझ लिया।’

शर्मा और मेहरा दोनों मध्यमवर्गीय सोच के थे। उनके परिवारों का सबसे बड़ा निवेश था, उनको शिक्षित करना। देविना मेहरा भारतीय प्रबंध संस्थान, अहमदाबाद द्वारा स्वर्ण पदक प्राप्त हैं और शर्मा एशियन प्रबंध संस्थान, मनीला से एम.बी.ए. हैं। शर्मा और मेहरा दोनों के ही कोई राजनीतिक आका नहीं थे या कोई ऐसा नेटवर्क नहीं था, जो उनकी सहायता कर सके। उन्होंने अपना पूरा ध्यान एक व्यक्ति या पेशेवर की तरह अपनी योग्यता को बनाने में केन्द्रित किया, और वह जानते थे कि यही वह चीज़ है, जिस पर वे निर्भर रह सकते थे।

'हम लोग मिड थर्टीज़ (लगभग पैंतीस साल) में थे - पहली पीढ़ी के उद्यमी। हम लोगों के लिये साधारण ढाँचा नहीं था। किन्तु मैं और देविना दोनों देश के उस भाग से आये थे, जहाँ कानून नाम का कोई अस्तित्व नहीं था। हम स्वतंत्रता सेनानियों के परिवार से थे। ख़ून ने अपना रंग दिखाया और मैंने ठान लिया : 'मैं सरकार के आगे झुकूंगा नहीं।'

अच्छे समय में सब आपके दोस्त होते हैं या दोस्त बनना चाहते हैं, ख़राब समय में अपनी ताक़त, साहस और दृढ़ विश्वास पाने के लिये स्वयं के अन्दर झांकना होता है। शर्मा और मेहरा ने अपनी आंतरिक शक्ति को एकत्रित किया ताकि वो वापसी कर सकें। उन्होंने सामने वालों के अनुसार सोचा और व्यवहार किया, उन्होंने सबसे बुरे की कल्पना की और अपने आपको ख़राब से ख़राब के लिये तैयार किया। वे जानते थे कि यह सड़क की लड़ाई है और इसमें उनके हाथ गंदे ज़रूर होंगे।

'अपने सम्मान का मत सोचो - यह सड़क की लड़ाई है। सड़क की लड़ाई में कोई नियम नहीं होते। आपको एक अपराधी की भांति सोचना होता है। आप अपने आदर्शों पर नहीं टिके रह सकते। आपको अपने शत्रु की तरह सोचना होता है। यदि वे आपको फँसाते है, तो आप उन्हें फँसाओ।'

आमतौर पर ऐसा होता है कि जब हमारे ऊपर संकट मँडरा रहा होता है तब हम लगभग हर व्यक्ति से सलाह लेते हैं। हम हमारी समस्याओं का हल दूसरों की सलाह और अनुभवों के आधार पर खोजने का प्रयास करते हैं। लेकिन शर्मा और मेहरा ने इसके विपरीत रास्ता अपनाया। जब सब तरफ़ से दोस्त, परिवार, उनके वकीलों आदि से यह

सलाह आ रही थी कि शांत बने रहो, और न ज़्यादा दिखाई दो, न ज़्यादा बोलो, शर्मा और देविना मेहरा ने ऊँची आवाज़ का अभियान चलाया। उन्होंने मीडिया को साक्षात्कार दिये, प्रेस सम्मेलन किये, और अपनी कहानी को इस तरह सबके सामने प्रकट किया जैसे आगे बढ़ने का यही एक रास्ता हो। उन्होंने लगातार और धैर्य के साथ बातचीत की और हर बार इसी बात पर ज़ोर दिया कि उनके साथ ग़लत हुआ।

शर्मा ने चौबीस घण्टे अपनी कानूनी सलाहकार टीम के साथ काम किया। यह उनकी लड़ाई थी, जो उन्होंने पूरी सतर्कता के साथ लड़ी। उन्होंने सब कुछ केवल वकीलों के लिये ही नहीं छोड़ा, वह लगभग स्वयं भी एक वकील बन गये। 'आपको विनम्र रहना होगा और अपने आपको ज्ञान से परिपूर्ण करना होगा - इसकी सहायता से ही आप चीज़ों का डटकर मुकाबला कर सकते हैं।'

यह युद्ध था और शर्मा ने वे सारे पैंतरे इस्तेमाल किये जो किताबों में नहीं मिलते। 'यह पूरी तरह से सैन्य कार्रवाई थी। जानकारी के हिसाब से देखा जाए तो हम भी बराबरी से तैयार थे। हमने पूरी-पूरी रात स्वयं को शिक्षित किया।'

शर्मा को कभी भी विश्वास नहीं था कि वह इसका अंत भी देख सकेंगे। शायद, यह डर ही था जिसने उन्हें प्रेरित किया। 'आत्म-विश्वास ही काफ़ी नहीं है। ज़रूरत से ज़्यादा विश्वास डींग हाँकने जैसा है।'

अन्ततः शर्मा को दोषमुक्त कर दिया गया, केन्द्र सरकार में परिवर्तन ने शर्मा की काफ़ी मदद की।

लगभग एक दशक बाद, शर्मा व्यापार में वापस आ गये हैं। उन्होंने अपने व्यापार का पुनर्निर्माण कर लिया है। कार्यालय पुनः खोल लिये हैं, ग्राहकों को पा लिया है और उनकी साख वापस आ चुकी है।

साथ ही वह कहते हैं, कि उन्होंने जीवन को इस तरह से तैयार किया है कि इस बार उन तक आसानी से नहीं पहुँचा जा सकेगा।

उन्होंने अपनी भारतीय नागरिकता छोड़ कर अपनी सम्पत्तियों को पूरे विश्व में फैला दिया और यह तय किया कि आगे चलकर मीडिया

में निवेश नहीं करेंगे। उन्होंने और देविना मेहरा ने मिलकर 'सेरेब्रा ब्रेन टेक प्राइवेट लिमिटेड' नाम का एक नया उपक्रम प्रारंभ किया। शोध और तकनीक पर आधारित एक ऐसा उपक्रम, जिससे मानसिक क्षमताओं को बढ़ाया जा सके और साथ ही स्नायु संबंधित गड़बड़ियों जैसे ऑटिज्म, अल्ज़ाईमर्स, अवसाद और स्किट्ज़ोफ़्रीनिया आदि का हल खोजा जा सके।

'आप उस खेल के बारे में पर्याप्त जानकारी रखें जो आप खेल रहे हैं। आपको सम्मानजनक नहीं होना है। यदि शत्रु सो रहा है, किसी भी तरह जाइये और उसे ख़त्म कर दीजिए - युद्ध में घायल शर्मा कहते हैं - यह मत सोचो कि युद्ध सुबह नौ से शाम पाँच बजे तक होगा।

मैं असफल क्यों रहा

- मैं यह नहीं समझ पाया, कि सरकार किस हद तक आपके पीछे पड़ सकती है।
- मैंने ग़लत निवेश का निर्णय लिया, जिसने मेरी ज़िन्दगी को मुझसे दूर कर दिया।

सलाह

- युद्ध में शत्रु की तरह सोचो।
- ज्ञान और प्रभावी सम्प्रेषण आपके लिये संकट के समय बेहतर हथियार साबित हो सकते हैं।
- किसी के धमकाने में न आयें, संघर्ष करें।
- लड़ाई और युद्ध में आदर्शों के बारे में न सोचें।
- हमेशा यह मान कर काम करें कि सरकार की मंशा असम्मानजनक एवं संदेहास्पद होती है।

आभार

जब मैंने इस योजना पर कार्य प्रारंभ किया तो मैं नहीं जानती थी, कि विफलता पर लिखना कितना मज़ेदार और कितना चुनौती भरा होगा। वास्तव में असफलता पर कोई बात नहीं करना चाहता - यह एक ऐसा शब्द है जो अच्छे खासे सफल और आत्म-विश्वासी लोगों को तुनकमिज़ाज, हतोत्साहित और चिन्तित बना सकता है। इस विषय पर हर प्रकार की चर्चा भौंहें चढ़ा देगी, स्पष्टीकरण मांगे जाएंगे, सलाहें दी जायेंगी और बातचीत अपने आप 'रोचक' विषयों की ओर मुड़ जायेगी।

ख़ैर, वर्षों बाद, मैं उन सभी लोगों का परिचय दे रही हूँ, जिन्होंने इस योजना को सफल बनाया। यह चिकी सरकार थीं जिन्होंने मुझे ढूँढ निकाला और यह भरोसा दिलाया कि मैं यह कर सकती हूँ। मैं इसके साथ-साथ रैण्डम हाउस के अपने संपादकों, राधिका मारवाह और मिली ऐश्वर्या के प्रति भी कृतज्ञ हूँ, वे जितनी धैर्यवान थीं, उतनी उत्साहित भी थीं। यह पुस्तक आप दोनों के सहयोग के बिना संभव नहीं थी।

मैं *बिज़नेस टुडे* के संपादक श्री चैतन्य कालबाग की बहुत शुक्रगुज़ार हूँ, जिनकी सलाह और विचारोत्तेजक प्रश्नों ने विफलता के बारे में मेरी भावनाओं की पड़ताल करने में मेरी मदद की।

मैं यह पुस्तक कभी भी नहीं लिख पाती यदि वे लोग जिनके बारे में यह पुस्तक है, अपने अनुभव मुझे बताने के लिये तैयार नहीं होते : जो उन्होंने बड़ी विनम्रता और विस्तार से बताये। मैं उन सभी लोगों के प्रति धन्यवाद व्यक्त करती हूँ, जिन्होंने खुलकर अपनी कहानी मेरे साथ साझा की और इस प्रक्रिया में मुझे विकसित होने और सीखने का मौक़ा दिया - अभिनव बिन्द्रा, अनु आगा, स्मिनु जिंदल, नारायण मूर्ति, मधुर

भण्डारकर, सुभाष घई, अजीत गुलाबचंद, सुनील अलघ, संजीव गोयनका, सब्यसाची मुखर्जी, किरण मजुमदार-शॉ, कैप्टन गोपीनाथ, शंकर शर्मा, प्रताप रेड्डी, विलियम बिसैल और नारायणन वघुल - इनमें से प्रत्येक की कहानी एक प्रेरणा है।

और फिर वे लोग है, जो हमेशा मेरे आस-पास थे और जिनकी उपस्थिति, सहयोग और सलाह मैं हमेशा अपने साथ लेकर चलती थी। वे अपनी सोच, विचारों, धैर्य, हास्य-बोध और समर्थन के साथ बहुत उदार थे।

हिन्डोल सेनगुप्ता : उनके लगातार प्रोत्साहन एवं मुझ पर विश्वास के लिये शुक्रिया। मुझे इस पुस्तक को आकार देने के लिये ढेर सारे तरीक़े और विचार सुझाने वाले व्यक्ति रहे हैं।

आरती बागड़ी : उनके बेजोड़ उत्साह ने मुझे कठिन परिस्थितियों मे भी गतिमान रखा।

काकुनी महतो : मेरी सबसे पुरानी मित्र, जो हमेशा मेरे साथ खड़ी थी।

पूजा चन्द्रा : जैसा है वैसा कहने वाली और मेरे लिखे हर वाक्य को बारीकी से परखकर सवाँरने वाली।

कुछ लोग ऐसे हैं, जो विशेष धन्यवाद के पात्र हैं, जिसे मैं बयान नहीं कर सकती।

सुरेन्दर मोहन, कौशल्या और बिमला : उनके प्यार के लिये और उन प्यारी कहानियों के लिये जिन्होंने मेरी दुनिया को आकार दिया।

शशी एवं बलबीर पुंज : उस हर बात के लिये जो है और हमेशा रहेगी।

सौरभ त्रिपाठी : मेरी अस्त-व्यस्त दुनिया में एक गंभीर आवाज़ होने के लिये।

मानसी पुंज : मेरी कई असफलताओं को साझा करने के लिये।

आहना अग्रवाल : मेरी ज़िन्दगी में भरपूर आनंद और सही दृष्टिकोण लाने के लिये।

तारिणी एवं प्रकाश त्रिपाठी : मेरे हर काम में उनके अनवरत सहयोग और उत्साहवर्धन के लिये।

और अन्त में मेरा पुत्र आरव, जिसने मुझे सांसारिकता में भी कविता दिखायी। उसकी भोली मुस्कान, खिलखिलाहट और प्यारी बोली के लिये आभार, जिसने कई बार मुझे उस समय भी सक्रिय रखा जिस समय मैं सिर्फ़ थोड़ी नींद चाहती थी।

एक तरीक़े से यह पुस्तक, विफलता पर लिखने के साथ-साथ, उसके बारे में अनुभव भी दिलाती है। कई तरह की ग़लतियाँ भी हुई, कई बार बड़े कष्ट और भरपूर आनंद के क्षण भी आये। कभी-कभी भयभीत करने वाले आत्म-शंका के लम्हे भी आये और आत्म-विश्वास के ऐसे पल भी, जो अविश्वसनीय थे कुल मिलाकर - यह एक बड़ी सुखद यात्रा थी और मैं बड़ी भाग्यशाली हूँ कि मैंने इसे अनुभव किया।

लेखिका के विषय में

श्वेता एक पत्रकार, एक टेलीविज़न मेज़बान और एक सामाजिक उद्यमी हैं। वह बिज़नेस टुडे की सहयोगी संपादक हैं, और एक दशक से भी ज़्यादा समय से भारत और अमेरिका में पत्रकार के रूप में सक्रिय रही हैं। उन्होंने व्यापर और नीतियों पर सीएनबीसी टीवी 18, इन्साइड वॉशिंगटन पब्लिशर्स, ब्लूमबर्ग यूटीवी और न्यूज़ एक्स के लिये रिर्पोटिंग की है। वह भारत के पहले मुक्त सरकारी मंच द *वायपोल ट्रस्ट* की संस्थापक हैं, जो महिलाओं की सुरक्षा से जुड़ी प्रौद्योगिकी के क्षेत्र में कार्यरत् है। इसका प्रचार दुनिया भर में द *न्यू यॉर्क टाइम्स* से लेकर द *वॉशिंगटन पोस्ट* तक में हो चुका है।